AF359354

1860

LE CHRIST

DEVANT

ROME ET LA CHRÉTIENTÉ

LETTRE A UN PRÊTRE

PAR

E. V. PIERRE-MICHEL.

Lorsque vous verrez l'abomination établie au lieu où elle ne devrait point être, sachez que le Fils de l'homme est proche et qu'il doit commencer son jugement par sa propre maison. (St Marc, 13. 14, 29. i St Pierre, 4. 17.)

Otez-lui la tiare, ôtez-lui la couronne ; j'en ferai voir l'injustice, l'injustice, dis-je, l'extrême injustice. (Ezéchiel, 21. 26, 27.)

LONDRES

A L'UNIVERSITÉ ÉLIAQUE,

31, Marylebone road

MDCCCLX

1860

LE CHRIST

DEVANT

ROME ET LA CHRÉTIENTÉ

1860

LE CHRIST

DEVANT

ROME ET LA CHRÉTIENTÉ

LETTRE A UN PRÊTRE

PAR

E. V. PIERRE-MICHEL.

> Lorsque vous verrez l'abomination établie au lieu où elle ne devrait point être, sachez que le Fils de l'homme est proche et qu'il doit commencer son jugement par sa propre maison. (St Marc, 13. 14, 29. ɪ St Pierre, 4. 17.)
>
> Otez-lui la tiare, ôtez-lui la couronne; j'en ferai voir l'injustice, l'injustice, dis-je, l'extrême injustice. (Ezéchiel, 21. 26, 27.)

LONDRES

A L'UNIVERSITÉ ÉLIAQUE,

31, Marylebone road

MDCCCLX

1860

LE CHRIST

DEVANT

ROME ET LA CHRÉTIENTÉ.

PREMIÈRE PARTIE

> Lorsque vous verrez l'abomination établie
> au lieu où elle ne devrait point être, sachez
> que le Fils de l'homme est proche et qu'il doit
> commencer son jugement par sa propre mai-
> son. (St Marc, 13. 14, 29. 1 St Pierre, 4. 17.)

I

Pieux et vénérable Vieillard,

Voici la raison de cette lettre : Un grand cri, comme on en entend rarement sinon à la veille des grandes catastrophes, s'est fait entendre venant de votre paisible cité.

On aurait pu croire tout d'abord que celui qui le poussait, mu par un noble sentiment de justice et de reconnaissance, tentait ainsi de réveiller les sympathies chrétiennes de l'Orléanais, et de provoquer par toute la France un appel instant et solennel à la canonisation si coupablement retardée de la Vierge guerrière de Donrémi, connue partout sous le nom héroïque de Jeanne d'Arc. Cette voix pontificale appelée par le Très-Haut à tonner ainsi dans les circonstances les plus graves, en face des calamités et des désolations publiques, ou bien encore devant quelques débordements d'injustice couvrant tout à coup le monde d'une désastreuse impiété, cette voix qui devrait, par ses retentissements sacrés, toucher au cœur toute la famille chrétienne n'exprimait même point la crainte d'un père effrayé, comme paraissait l'être le Concile de Paris lorsque, dans sa lettre synodale du 29 novembre 1849, il constatait que jamais l'ignorance de la religion de Jésus-Christ n'avait été plus grande qu'alors.

Ce n'était pas non plus une de ces lamentations semblables à celle que fit entendre M. Jacquemet, évêque de Nantes, lorsqu'il s'écria, devant la mort tragique de l'Archevêque de Paris : « Le sang du Pontife qui vient d'être frappé est une suprême prédiction qui nous annonce que la main de Dieu est levée, et que le châtiment est proche! »

Non, l'évêque d'Orléans n'a pas de ces inspirations : son cri de détresse n'est ni religieux ni chrétien, il est tout simplement politique ; c'est un cri de commissaire papal. Le fonctionnaire qui relève bien plus de la tiare que de la croix n'exprime ni la désolation ni la douleur ; son cri est plein d'arrogance, de fiel et de menace. La cause de Dieu est là fort étrangère. Cette brochure contre laquelle il rugit n'est qu'un prétexte ; ce n'est point l'impiété qui a piqué son âme, c'est le dard de l'abeille qu'il a senti remuer dans son cœur. Le Prince de la cathédrale a voulu faire comprendre à l'Empereur des Tuileries qu'il ne connaissait qu'à demi cette nombreuse armée de rois dont le chef suprême règne en dieu au Vatican. — Depuis ce jour les commissaires et les préfets de la papauté n'ont plus cessé, sous les noms de péril et d'anathème, d'appeler les villes, les bourgades et les campagnes à une nouvelle croisade, à une guerre qui, au lieu d'avoir, comme ils le disent, un caractère saint, ne serait, hélas! qu'une guerre impie et sacrilége.

Mon vénérable Ami, de quoi donc s'agit-il au fond de cette rumeur qui a pris si vite des proportions européennes? La France et Rome sont en présence comme autrefois le furent Rome et Jérusalem. L'Église Aaronite ne devait-elle pas servir d'exemple à l'Église Chrétienne? L'héritière pouvait-elle être jugée et frappée aussi sévèrement qu'elle l'a été, tandis que la fille d'adoption n'aurait aucun compte à rendre de ses profanations ni de ses crimes? Est-ce que ces paroles d'Isaïe ne s'adressaient pas bien plutôt à Rome qu'à Jérusalem? « Comment la cité qui a été élevée dans la » droiture et l'équité s'est-elle prostituée? la justice habitait » dans son sein, et maintenant il n'y a que des meurtriers.

» Prêtres, lorsque vous étendrez vos mains vers moi je » détournerai mes yeux de vous, et lorsque vous multiplierez » vos prières je ne vous écouterai point, parce que vos mains » sont pleines de sang.

» Le Seigneur va répandre sur vous un esprit d'assoupis- » sement qui vous tiendra les yeux fermés

» Le Seigneur brisera cette chaîne qui tenait liés tous les » peuples; il rompra cette toile que l'ennemi avait ourdie, et » qui enveloppait toutes les nations. »

Est-ce à Rome ou à Jérusalem que s'adressent ces menaces formulées par Ézéchiel? « Fils de l'homme, ne jugeras- » tu point et seras-tu sans reprendre la ville de sang? ne lui » montreras-tu pas ses abominations?

» Voici ce que dit le Seigneur Dieu : Je vais profaner » mon sanctuaire dont vous faites l'orgueil de ce règne que » vos yeux prisent le plus.

» La loi périra dans la bouche des prêtres, et le conseil » dans les anciens. »

N'est-ce point à l'Église Chrétienne, comme à l'Église d'Aaron, qu'Amos adresse cette menace ? « Malheur à ceux » qui haïssent qu'on les reprenne pour le bien public !

» Malheur à ceux qui ne répondent qu'avec abomination » lorsqu'ils sont repris dans la droiture et dans la vérité ! »

A qui donc fut jamais plus applicable qu'à l'église royale de Rome cette sentence de l'Éternel formulée ainsi par Malachie : « Voici, Prêtres, ce que j'ai reçu ordre de vous dire : » Si vous ne voulez point écouter les remontrances que vous » adresse le Seigneur ; si vous continuez d'appliquer votre » cœur à deshonorer son nom, à l'usurpation de sa gloire, il » maudira vos bénédictions, et il les maudira parce que vous » n'avez point imprimé l'esprit de ses paroles dans votre vie. »

Bon et savant Vieillard, permettez à mon âme de s'élever au-dessus de ces clameurs plus honteuses qu'édifiantes. Muni du double témoignage des Saintes Écritures et de l'histoire, permettez-moi, avant de vous présenter le Christ devant Rome, de vous montrer comment l'orgueil et la vanité, appuyés par l'indifférence égoïste des hommes, ont profané, défiguré et rendu plus digne de haine que d'envie la plus pure, la plus sainte et la plus consolante des religions.

La Judée, fille de Jéhovah, s'étant livrée par suite de son égoïsme aux ennemis de son Père feignait de revenir à lui en maintes circonstances non pour se convertir, mais pour reprendre sa prépondérance sur les autres peuples, pour défaire et piller les rois comme à sa sortie de l'Égypte. Quand la piété et la haute foi des Machabées furent cotées par l'ambition d'Hircanus, elle ne comprit pas encore assez que l'on ne trompait pas son Père comme elle se trompait elle-même, et comme elle se faisait si facilement tromper par les autres. Elle caressa Rome, Rome aux filles nues, aux temples de Jupiter Capitolin et d'Apollon l'incestueux. Aban-

donnée du vrai Dieu elle fut se jeter dans les bras des idolâtres. Les prêtres d'Aaron avaient vu dix tribus leur échap-
per. L'auguste Jérusalem, l'éternelle d'alors, semblait croire
tout autant en elle qu'en ses docteurs et en ses princes sa-
cerdotaux. Le temple était terriblement dégradé : sa recon-
struction devenait indispensable. Mais les Pharisiens, les
Sadducéens et les Esséniens ne pouvaient fournir les sommes énormes que l'Empire Romain était seul capable de
faire passer par les mains imposantes d'un de ses grands
vassaux à qui il donnait, bien qu'à titre de servage, les
noms pompeux de tétrarques ou de rois.

Rome accepta ce que Dieu refusait. Mais il était naturel
qu'une fille qui se jouait de la sagesse, de la justice et des
droits de son père tombât de suite sous la main d'un souverain maître. Dix siècles avant qu'Hérode l'édomite vint représenter César à Jérusalem, Hadad l'iduméen, un édomite
aussi, avait ébranlé les dix colonnes du trône héréditaire de
Salomon.

La parole du Seigneur est magnifique lorsqu'elle s'énonce
sous forme de promesse, mais elle est terrible quand les
hommes s'appliquent à la retourner en menaces. Dieu avait
dit à David : « Quand tes jours seront accomplis, et que tu
» te seras endormi dans le repos de tes pères, je susciterai
» après toi ton fils qui sera sorti de ton germe, et j'affermirai
» son règne. Ma gratuité ne se retirera point de lui comme
» je l'ai retirée de Saül ;

» Ainsi ta maison et ton règne sont assurés pour jamais
» devant tes yeux, et ton trône est affermi à toujours. »

Puis, dans un autre passage, on voit briller ces sublimes
paroles, qui semblent en effet un ciment éternel pour le
sceptre de Salomon : « je lui serai père, et il me sera fils. »
Voilà la part de Dieu offerte à l'homme ; Dieu est réellement engagé.

Mais voici ce qui retournera contre l'homme l'engagement divin : « Que s'il commet quelque iniquité, je le châtierai » avec la révolte de l'homme, avec les plaies qui naissent » des hommes. » — Ces révoltes, ces plaies s'appellent successivement Hadad, Nabuchodonosor, Antiochus et Hérode. Enfin, de désordre en désordre, d'orgueil en orgueil, d'hypocrisie en hypocrisie, le lion de Juda, épuisé de force et de vie, se traînant et ne voyant plus, devient, un dernier jour la pâture de la louve payenne nourrice du fratricide. Dieu poursuivait son plan.

II

Après s'être offert aux Hébreux, comme Père, Dieu vient s'offrir aux Gentils comme un Frère généreux, aimant et dévoué. Le nom du Christ ne fut pas pour Rome un stimulant enthousiasme comme le nom de Jéhovah l'avait été pour les six cent mille esclaves de Pharaon ; néanmoins il fut, pour les esprits fatigués des dieux et des déesses plus ou moins auréolisés de licence, un idéal magnifique et un mirage consolateur. Avec ce nom sacré se déployait une doctrine qui révélait aux victimes des Césars un ordre tout nouveau d'affranchissement, de dignité et de liberté. Le Christianisme naissant prêchait et pratiquait la pauvreté, la chasteté et la fraternité. Il ne voulait point admettre dans sa communion l'homme incarné dans le crime.

« Les premiers Chrétiens repoussent avec horreur l'idolâtrie, l'homicide, le vol et l'adultère ; méprisant comme une chose impure ces marbres splendides qui servaient d'autels au vice et à l'impureté, ils se constituent eux-mêmes, par assemblées, des temples vivants et des autels seuls dignes de Celui qu'ils adorent. » — Telle est l'assertion de Minutius Félix.

« Leurs sacrifices ne sont point comme ceux de l'ancienne loi ni comme ceux des payens ; ils n'ont qu'un sacrifice, celui du Rédempteur, aux commémorations duquel ils se préparent à apporter et à unir celui des bonnes œuvres. Ils adorent Dieu par les mérites divins de son Fils qui leur a appris à bien aimer les hommes » (St Clément).

« Ils sont si simples, ils sont si attachés à la connaissance des Écritures fondamentales, que leurs pères deshérités interprétèrent souvent d'une façon toute matérielle, qu'ils ne veulent même pas qu'on brûle d'encens dans leurs assemblées, parce que, disent-ils, cela se rapporte bien plus aux hommes qu'à Dieu » (Arnobe).

La Grèce et Rome s'étaient tellement abandonnées aux licences de la matérialité que les baptisés dans l'eau et dans l'esprit se livrèrent avec une effervescence exagérée au travail le plus scrupuleux pour soumettre non seulement la loi matérielle au nouveau principe spirituel de la révélation, mais la raison et le cœur furent traités comme des puissances perfides, de telle sorte qu'on ne voulut plus voir dans l'homme que sa partie immortelle ; en un mot, on venait de découvrir la grande âme, cette fille du ciel : on crut juste de lui réserver la puissance absolue. Son état de prisonnière ajouta du charme à ces raisons d'intérêt : on résolut de l'affranchir de ce monde pour lui établir dans l'autre des possessions et un trône uniquement en rapport avec les hautes destinées de son immortalité. Ce genre de spiritualisme plut nécessairement aux intelligences ardentes et passionnées qui se trouvèrent heureuses d'un aliment nouveau, seul capable de les sortir de cet énervant sensualisme près de finir lui-même.

La douce et harmonieuse simplicité du culte chrétien dénonçait une poésie calme et indépendante qui enlevait, pour la libre expansion de la conscience, tout à la forme. Dieu, par son Fils, épandait dans la foi chrétienne une majesté, une grandeur, un attrait, une onction que tout le luxe des temples idolâtres ne pouvait atteindre. Pourtant déjà l'Apôtre St Paul avait jeté des cris d'alarme dans la jeune communion de Corinthe ; l'Apôtre St Jacques s'était vu contraint de parler aux nouveaux baptisés non comme à une société édifiante. Il avait même écrit ces terribles qualifications à ceux qui se disaient composer avec lui le corps actif et édificateur de Jésus-Christ : « Les distinctions » de l'orgueil et le sacrilége mépris des pauvres existent » parmi nous. » La simplicité apostolique, l'ordre consciencieux appuyé sur les quatre Ministères qu'exprime de cette sorte l'Apôtre des Nations : « 1° des APÔTRES, 2° des PRO-» PHÈLES, 3° des PASTEURS, et 4° des ÉVANGÉLISTES, » ne se prêtant point à faciliter les licences interprétatives de la vanité et de l'empiétement, les Pasteurs, ayant bien plus d'attrait pour l'exploitation de la foi nouvelle que pour le dévouement absolu qu'elle exigeait, ne tardèrent point à s'insurger contre ceux-là mêmes qui les avaient établis. Les Epîtres de St Paul ne sont, pour la plupart, qu'une longue et prophétique lamentation ; il en vient même à cette sanglante accusation : « Sans respect pour ses souffrances et pour la perte de sa liberté, les Eglises qu'il a fondées à la sueur de son front l'oublient et l'abandonnent. » L'Apôtre St Jean, qui ne parle que de charité, d'amour et de dilection, se voit refuser le salut par ceux qu'il a investis du ministère de la divine prédication, et les quelques reconnaissants qui vivent avec lui ne sont reçus qu'avec anathème lorsqu'ils se présentent pour faire entendre ses réprimandes toutes paternelles ou ses conseils apostoliques.

La simplicité des formes existait déjà moins, et la simplicité du cœur n'existait presque plus. On voulut dépasser la simplicité divine du Maître et s'élever absolument au-dessus de cette chair qui interceptait, par sa rébellion, les plénitudes de la lumière dont l'âme devait vivre uniquement. Alors on se lança dans le mysticisme, dans l'illuminisme, jusque dans les voies les plus exagérées de l'ascétisme. Révolté contre la matière l'esprit veut venger avec usure son oppression. La raison, la loi la plus légitime des sens, la voix même de cette vie évangélique que l'on confesse être l'expression suprême de la Volonté divine, tout cela est immolé à l'effervescence nouvelle, et jeté en pâture à ce nouveau foyer vertigineux.

Tertulien se fait le champion du rigorisme sauvage de Montau. St Clément non seulement ne retient pas ceux qui marchent dans la voie théosophique de Basilides et de Porphyre, il la recommande. Synésius aspire à l'irradiation comme Plotin. Origène, l'illustre docteur, s'attaque à la chair d'une façon aussi déplorable que terrible. On ne se croit plus capable d'être chrétien sans la protection du silence, de la retraite, de la solitude et de la contemplation. La prière n'est plus une élévation de l'âme vers Dieu, elle ne devient réelle que par les excitations de l'enthousiasme, par les tours de force de l'imagination. Le monde n'est plus supportable. La vie véritable c'était la mort. L'œil chrétien ne voyait plus qu'à l'état de démon et d'infâme quiconque n'avait pas la même croyance; tout, hors le Christianisme, devint, pour l'appréciation chrétienne, superstition, idolâtrie, magie, sorcellerie et infamie. Le corps du chrétien, semblable au corps de ceux qui s'appelaient le monde, fut traité avec le même mépris et la même malédiction; de là l'horreur pour tout ce qui était impression sensuelle, de là exaltation du célibat, haine pour la vie de relations.

Les Valaisiens, au deuxième siècle, regardaient la mutilation comme une sainte hardiesse et un glorieux affranchissement (St Epiphane). Ce mépris de la chair alla chez un
des sept premiers diacres de l'Église jusqu'à lui faire prosti-
tuer sa femme, parce qu'elle était belle et qu'il ne voulait
pas en être jaloux ni trop attaché à sa beauté. Du temps de
St Cyprien, un jeune diacre du nom de Léontius, afin de
pouvoir vivre sans danger près d'une belle Suneisakte nom-
mée Eustolie, s'inffligea une mutilation qui, disait-il, assu-
rerait désormais sa vertu. Un Concile se réunit à Nicée
(325) pour anathématiser les eunuques volontaires dont le
nombre se multipliait effrayamment; un autre eut lieu à
Gangres pour réprimer l'horreur qu'on avait du mariage.

Les facultés humaines ainsi méconnues réagirent prompte-
ment, comme un ressort sous le doigt qui le presse. La raison s'abreuva à toutes les hérésies; le cœur et les sens alliés
se livrèrent à tous les vices, et se vengèrent à leur tour sur
ceux-là mêmes qui se proclamaient les destructeurs de leur
pouvoir. Ce qu'on avait fui, honni, méprisé, anathématisé
se présenta sous une autre forme; on se prouva qu'une telle infériorité ne pouvait point être redoutée par la force et
la volonté des âmes. On fut plus loin : il fut admis qu'on pouvait en user sans importance et sans gêne, comme on use
des choses neutres et indifférentes en elles-mêmes. Hélas!
on en vint à fouler aux pieds, comme une vile poussière,
toute prescription humaine, toute loi morale, afin de prou-
ver plus explicitement le peu de cas qu'il fallait faire des
choses matérielles et des ordres du demiurge.

Les choses marchèrent ainsi avec un tel accroissement de
désordres et de scandales que des Conciles s'élevèrent les
uns après les autres, pour dénoncer et pour condamner ce
flot montant de la corruption, non pas des Chrétiens en général, mais des Ministres de la doctrine chrétienne.

Le concile de Néocésarée (314) fait des lois pénales contre les prêtres qui vivent avec des concubines ; on leur défend même d'avoir chez eux d'autres femmes que leur mère, une tante ou une belle-sœur. Honorius et Théodose sont contraints de renouveler eux-mêmes la défense des Conciles (485). St Jérome s'écrie, plein d'indignation et de honte : « Tout mal a sa source dans l'Église ; les prêtres sont la corruption du peuple ! » St Chrysostôme appelle les prêtres de son temps « des escamoteurs de testaments ; » et St Justin les nomme hardiment « les brigands du temple. » Après les défenses que fait promulguer Valentinien à l'occasion des coupables cupidités du sacerdoce, St Jérome fait entendre ces douloureuses paroles : « J'ai honte de le dire, cet affront fait à l'Église est le juste châtiment de son avidité ! » Au concile d'Antioche et à celui d'Ancyre, qu'y trouve-t-on sinon les graves désordres des Sunerchomènes, avec lesquelles les évêques et les diacres prétendent uniquement partager leurs travaux.

Qui lira sans terreur cette peinture que trace en si peu de mots Thascius Cyprianus, lui si plein de dévouement et d'attachement aux gloires de la religion chrétienne ? — « Croyez-vous, disait-il aux Chrétiens de son temps, qui voyaient dans le martyre le salut assuré pour la vie éternelle, croyez-vous racheter toute une vie d'adultères, d'ivrogneries, de meurtres, de vices, de fraudes et de rapines, par un supplice d'un instant, ne différant guère d'un triomphe, et défendu souvent comme un suicide ? »

III

Sixte III, à la tête de cette tempête déchaînée, ne nous fournit-il pas une similitude complète d'Israël et de Salomon, dont les crimes s'étaient élevés jusqu'à Dieu? La séparation des Tribus, qui commence la ruine de l'autorité héréditaire de David, n'est-elle point parfaitement représentée par toutes les sectes qui se formèrent alors dans le sein de cette Maison Chrétienne, à laquelle le Fils unique de Dieu avait dit : « Voilà que je suis avec vous jusqu'à la » consommation du siècle? »

Hélas! comme Israël coupable chercha des bras de chair pour se soutenir, plutôt que de se retourner vers le Dieu qui l'avait enrichi des plus sublimes promesses, l'Église Chrétienne se lia avec un Hadad payen, du nom de Constantin. Des mains qu'elle devait joindre pour crier grâce, elle prit celles de cet empereur, pour lequel les prêtres payens n'avaient point trouvé d'expiation assez exemplaire, et à qui, d'après leurs oracles, ils avaient dit : « Loin d'ici le parricide à qui nos Dieux ne pardonnent jamais! » Cette Église, qui avait décidé, au concile d'Elvire, qu'il fallait refuser la grâce de la communion au moment solennel de la mort à celui qui s'était rendu coupable même d'un maléfice, offrit à cet empereur, en échange de son pouvoir et de ses richesses, l'absolution du meurtre de ce qu'il y avait de plus illustre dans son empire, du meurtre de son beau-père et de ses beaux-frères, de ses neveux et de sa sœur, de sa femme et de son fils.

Nouvelle halte dans laquelle le glaive doit effacer la croix, essor nouveau à l'aide duquel la dépositaire de la miséricorde et du pardon s'attachera à faire valoir l'arbitraire, le crime et la domination, nouvelle ère durant laquelle les grands prêtres de la religion chrétienne dépasseront toutes les cupidités, toutes les exactions et toutes les iniquités qui consommèrent la ruine des rois d'Israël et du temple Aaronite. Voici que vont s'élever, sans honte et sans crainte, ces nouveaux débordements devant lesquels s'effaceront presque ceux de Tibère, de Caligula, de Claude, de Néron, de Galba, de Vitellius, de Vespasien, de Marc-Aurèle, d'Alexandre Sévère, et de Julien.

Les conciles de Tolède et de Narbone, de Tours, d'Almagne, de Châlons et de Lyon font frémir par les crimes qu'on y dénonce, et par les pénalités qu'on est forcé d'y décréter. — Deux évêques des Gaules et un archevêque de Tolède sont déposés pour meurtres et débauches (concile de Tolède, 636). — L'évêque de Rome, Symmaque, est accusé d'adultère, en plein concile. — On est forcé de jeter un triple voile sur la mort de Pélasge II. — Les lettres de St Grégoire sont remplies des désordres du clergé qu'il se sent impuissant à réprimer. — L'évêque de Tarente vit en concubinage. — L'évêque Félix, neveu du pontife romain, a violé la fille de son diacre. — Jean VIII, d'après Baronius, n'était nommé que d'un nom infâme. — Les pères du concile de Valence disent publiquement que les évêques n'ont pas plus de mœurs que de savoir. — Les pères du concile d'Aix (836) appellent les couvents des lieux de débauches. — Au deuxième concile de Nicée le 20ᵉ canon ordonne de fustiger et de tondre les maîtresses du clergé. — Au concile de Mayence (888), on se croit obligé de défendre aux prêtres d'avoir chez eux leur sœur, même leur mère.

La simonie se développe avec la même fureur. Le concile de Tolède exige des évêques, avant leur ordination, le serment qu'ils n'ont rien payé pour être élus. Le concile de Châlons (813) accuse les clercs de pousser par cupidité les femmes à entrer en religion, afin qu'elles donnent leurs biens à l'Église : « Ils volent ces biens plutôt qu'ils ne les font donner, » disent les canons (532). — Le siége de Rome est mis à l'encan ; Jules II l'achète. — Le sénat romain est contraint de déclarer infâmes les simoniaques de la papauté. — Virgile ceint la tiare après avoir fait tuer son compétiteur élu avant lui.

Depuis cette fatale association du ministère chrétien avec l'empereur Constantin, (car le ministère qui se disait suivre la voie ouverte par les saints Apôtres, au lieu d'avoir imposé à Constantin la pénitence publique et la réparation la plus manifeste, lui avait livré le baume de l'absolution régénérante pour prix de son assistance, de telle sorte que le plus monstrueux entre les criminels devint son plus grand allié, son plus fervent complice) la Jérusalem de la miséricorde s'associa avec la Samarie de l'exécration, afin de faire marcher ensemble, et dans un but commun, le nom de la sainteté du Christ et l'or de Mammon.

Couverts de cette sacrilége association les Césars chrétiens, les empereurs Bysantins, les rois Bourguignons et Francs n'offrent plus qu'une succession de scélératesses et de crimes. Pour les sauvegarder, pour arrêter la protestation et l'examen des peuples, l'Eglise de la rédemption et de la consolation se fait elle-même persécutrice. Ce n'est plus Rachel pleurant ses enfants et ne voulant point être consolée des douleurs que lui cause leur mort, non, c'est une furie qui allume elle-même des bûchers pour consumer tout ce qu'elle croit capable de l'importuner ou de la faire rougir. Ses évêques semblent bien plutôt des forbans et des exterminateurs que des médiateurs et des pontifes :

Mélentius est le complice de Frédégonde dans l'horrible assassinat de Prétextat. — C'est un ordre épiscopal qui tue la belle philosophe Hypathie.

Irène est couronnée du nimbe des saints, bien qu'elle ait empoisonné son mari et fait tuer son fils en lui arrachant les yeux. Ce que dit Montesquieu n'est pas suffisant encore pour donner une juste idée de ces temps où la bannière de Jésus-Christ flottait sur ces montagnes de crimes dépassant, pour la conception humaine, tout ce qu'on a lu d'horrible dans la formidable histoire du peuple d'Israël.

Gondebaud, le fier Bourguignon, est protégé et rassuré malgré ses fratricides. — Sigismond est un chaînon de la généalogie des saints, quoique convaincu d'avoir fait étrangler son fils. — Clovis, le parjure et l'assassin, n'est pas moins le Constantin des Francs, et avec lui se fonde le règne du droit divin. — Childebert II semble l'incarnation de la cruauté ; ses plaisirs sont le meurtre. — Charibert c'est la débauche ; — Dagobert c'est l'infanticide et le massacre ; — Gontrand c'est la trahison, le meurtre public et privé ; — Chilpéric et Frédégonde c'est le résumé de tous les vices et de tous les crimes.

Qu'importe au ministère, dit évangélique, que toutes ces horreurs s'abritent du nom chrétien en invoquant une consécration divine ? Je me trompe, cela lui importe beaucoup : ces monstruosités, on peut les racheter comme Constantin racheta les siennes ; les conciles de Cloveshone et de Châlons (747 et 815) constatent ce rachat sacrilége au moyen d'espèces monétaires. — L'or royal payait le droit d'avoir des concubines ; Charibert eut quatre femmes dont une religieuse ; — Chilpéric avait tant de reines que l'histoire n'en a pas voulu consigner le nombre.

IV

Oh! mon bien cher Ami, on est presque tenté de s'écrier : Où donc était Dieu alors? Comment reconnaître cette religion simple et sainte dont parle Tertulien lorsqu'il dit : — « L'Église Chrétienne se considérait tout entière comme un sacerdoce royal, un clergé de Dieu. Tous les Chrétiens étaient saints et élus; ils avaient un droit égal, ainsi que l'exprime si exactement St Pierre par ces paroles apostoliques : « Quant à vous, vous êtes la race choisie, l'ordre des » prêtres-rois, la nation sainte. A vous de publier les gran- » deurs de Celui qui vous a appelés des ténèbres à son ad- » mirable lumière. (1re Épît. 2, 9.) »

Néanmoins, la Doctrine Chrétienne se propageait chaque jour davantage par le zèle et l'intrépidité des évêques, qui s'attachaient principalement à fonder de nouvelles églises en les retenant toujours, autant que possible, sous leur direction, et plaçant à leur tête ceux de leurs disciples sur lesquels ils croyaient devoir le plus sûrement compter; il s'en suivit que ces églises, gardées ainsi par des disciples obligés, formèrent bientôt, sous la juridiction d'un prétendu fondateur, cette puissante agglomération que l'on nomme Diocèse. De là vinrent les titres distinctifs. Le chef du diocèse s'appela Évêque, et celui de plusieurs diocèses Métropolitain. Les premiers métropolitains furent ceux qui étaient promus aux siéges de Rome, de Jérusalem, d'Antioche et d'Alexandrie. Plus tard encore, une autre dignité vint primer la dignité métropolitaine : ce fut le Patriarchat. L'Église chrétienne constitua enfin son gouvernement spirituel sur la forme aristocratique de l'Empire Romain. Les conciles chrétiens devinrent les CONCILIA PLEBIS de la république, et les patriarches de Rome, d'Antioche, d'Alexandrie et de Jérusalem furent les préteurs et les proconsuls religieux des provinces et des peuples dont ces villes étaient la tête. Plus tard Hildebrand commença à parfaire les choses : de même que l'empereur avait absorbé les comices, le chef du siége de Rome absorba les conciles.

L'Église du monde marchait à pas de géant tandis que l'Église de Dieu s'effaçait de plus en plus. Les promesses divines sont mises en oubli, et l'appel à la force des armes l'emporte sur la confiance due au Tout-Puissant.

Etienne II implore le bras de Pépin, le roi des Francs, contre les menaces de Constantinople. Pépin répond à cet appel, et la Rome des prêtres chante aussitôt la confusion de l'empire de Byzance.

Charlemagne paraît enfin sous la forme toute rayonnante de son audace et de ses armées. La renommée lui a ceint le front du diadème qui le constitue empereur d'Occident. Il veut aussi défendre et protéger l'Église chrétienne; mais, sous l'apparence d'un dévouement de fils soumis, il cache adroitement les traits et la volonté d'un maître. Les évêques, qui étaient dans leur ensemble solennel l'unique puissance de l'Église spirituelle délibérante et officielle, deviennent alors véritablement ses ministres ecclésiastiques. C'est pour qu'il en fût ainsi qu'il leur a délégué une portion de son pouvoir, tout en leur apprenant qu'ils ne devaient pas se dispenser de prendre ses ordres. Cela est si vrai que Léon III lui écrit :

« Si nous avons fait quelque chose incompétemment, et si, dans les affaires qui nous sont soumises, nous n'avons pas bien suivi le sentier de la vraie loi, nous vous en demandons pardon, et nous sommes prêts à tout réformer d'après votre jugement et celui de vos commissaires. »

Il est très-étonnant que les défenseurs de la papauté, et surtout du pouvoir temporel, invoquent, comme appui de sa force, de son droit et de sa fondation, les munificences de Charlemagne; car il n'y a là, dans cet appui apparent, qu'un incontestable vasselage. Après l'humble confession de Léon III, ne lit-on pas dans les Capitulaires :

« Qu'on n'appelle point l'évêque de Rome ni prince des prêtres, ni souverain prêtre, ni autre chose de cette nature, mais seulement l'évêque du premier siége! »

Est-ce là de la déférence ou du commandement? Est-ce le langage du dépendant ou bien celui du maître?

Ah! cher et bon Ami, les mauvaises causes ne font que perdre à mesure que la justice les étudie et les pénètre. Charlemagne, le magnifique, le donneur de territoire, n'est ni magnifique ni donneur; c'est un ambitieux et adroit politique. Il était chef du pouvoir militaire : il a voulu, par une cession territoriale qui lui importait peu, acheter une autre autorité qu'on lui eût sans cela trop vivement contestée. Il était maître des guerriers; il s'est ainsi fondé dans la maîtrise des prêtres. L'empereur de France s'est fait un véritable Kalife : il a voulu être, et il a été tout à la fois, empereur et pape. — Après sa mort, l'épiscopat se venge de cette magnanimité, de cette sainteté impériale tant vantée par l'ultramontanisme : il fait venir d'Italie Grégoire IV; il le place à sa tête. Puis, par reconnaissance envers la mémoire du père, il dégrade solennellement son fils.

Quels étonnants retours des choses d'ici-bas! Frère, où sont la douceur et la simplicité qui faisaient, à la naissance du Christianisme l'admiration des payens? Ce Grégoire IV dont les évêques Français avaient voulu se servir comme d'un simple instrument, ne tarde point à les humilier en leur défendant de l'appeler Frère: « L'unique appellation, dit-il, qui soit digne de lui est celle de PÈRE SUPRÊME! »

L'orgueil va croissant. Nicolas Ier écrit à Louis le Débonnaire : « C'est l'Église Romaine qui seule a fondé les autres églises, et toutes les dignités de ces églises de quelque ordre qu'elles soient ; et c'est Dieu seul qui l'a fondée, Dieu qui a donné à St Pierre le gouvernement de l'empire céleste et terrestre. » — Hildebrand, sous le nom de Grégoire VII, fait enfin ce que firent les empereurs romains qui se substituèrent aux Comices. L'évêque de Rome, lui aussi, se substitua sans hésitation a la confédération des évêques, dans le sein de laquelle depuis si longtemps s'était constituée la puissance spirituelle : il brisa le dernier anneau de cette forme démocratique humiliant la tiare. « Le siége de Rome, dit-il, est supérieur au concile ; les quatre premiers conciles généraux eux-mêmes n'ont de valeur que par l'autorité de ce siége. Le pape le MAÎTRE APOSTOLIQUE, peut condamner non seulement les évêques, mais encore les sujets des évêques. Tout catholique doit plutôt obéir au pape qu'à son propre évêque. »

Mais d'où viennent donc cette soif de puissance, cette fièvre de vanité ? Nous lisons dans St Jérôme : « L'Église de Rome ne doit pas être estimée plus qu'aucune autre. En quelque lieu qu'il y ait un évêque, soit à Rome, soit à Eugubio, soit à Constantinople, soit à Reggio, soit à Alexandrie, soit à Tunis, il a le même mérite, le même sacerdoce. La puissance des richesses, et l'humilité de la pauvreté ne rendent un évêque ni plus haut ni plus bas ; d'ailleurs ils sont tous successeurs des Apôtres. »

Saint Firmilien disait au pape Étienne : « As-tu considéré l'énormité du péché que tu as commis en te séparant de tant de troupeaux ? Tu t'es retranché toi-même. Ne te trompe pas ! celui-là est vraiment schismatique qui se sépare de la communion ecclésiastique. Tandis que tu crois pouvoir séparer les autres de toi, c'est toi seul qui te sépares de tous. »

Malgré l'Évangile, malgré les Apôtres, malgré les plus saints de la succession apostolique, l'évêque de Rome est roi et pape, PAPE et ROI, nouvelle hypostase qui rivalise avec celle de Jésus, qui l'efface, enfin qui l'assujétit au royaume de ce monde, presque en se moquant de celui pour lequel il est venu préparer l'humanité. La foi et la soumission de l'univers chrétien à la volonté du pape, tel était le but où n'avait cessé de tendre cette dernière succession d'évêques dont l'auguste vanité se trouvait toujours humiliée de n'avoir pu prendre encore sur l'orgueil de leurs frères en sacerdoce que ce titre distinctif et néanmoins par trop limité : ÉVÊQUE DU PREMIER SIÉGE.

V

Hélas! le Verbe divin expira sur les lèvres du sacrilége qui accomplissait si littéralement cette prophétie de Daniel : « Voici, dit le Seigneur, ce qui s'accomplira aux jours de la » malédiction :

» Lorsque les iniquités se seront accrues, il s'élèvera une » royauté qui aura l'impudence sur le front, gardant les pa- » raboles et les mystères.

» Sa puissance ne s'établira point par ses propres forces, » et c'est pour cela qu'elle fera un ravage étrange et au-de- » là de toute créance.

» Elle s'affermira par le succès de ses entreprises, elle » fera mourir, selon son bon plaisir, même les plus forts; » elle ne s'arrêtera pas devant les saints.

» Elle s'affamera de plus en plus du triomphe de ses arti- » fices et de ses tromperies.

» S'enivrant de telles prospérités, elle ne craindra pas de
» s'élever contre le Roi des rois.

» Scelle cette vision, est-il dit au prophète, parce qu'elle
» ne s'accomplira que dans des jours très-éloignés (8). »

Ami bien-aimé, suivez avec moi l'ordre des faits, et voyez
si les temps de la malédiction sont bien arrivés.

Avant le 10ᵉ siècle le pape Formose est déterré par son
successeur Étienne VII qui lui fait couper la main et la tête
pour le faire ensuite jeter dans le Tibre. — Boniface est déposé tour-à-tour de tous les ordres et enfin du pontificat. —
Les partisans de Formose et de Sergius livrent Rome à toutes les violences, à toutes les horreurs possibles.

Nous voilà au 10ᵉ siècle. Sergius III et Jean X sont appelés les Claudes de la papauté ; Théodora et Marozie sa
fille en sont les Messalines. Les plus ignobles courtisanes
placent leurs amants sur le trône à l'ombre de la croix et du
couperet. Théodora fait papes deux de ses amants ; Marozie
deux de ses fils. L'un c'est Jean XI fruit de Sergius ; elle
fait étouffer le pape, amant de sa mère, pour lui donner la
tiare. Son deuxième fils, né également de l'adultère, résume
tous les vices de cette famille dont le **Saint Siége** est devenu
l'héritage ; il s'appelle Jean XII.

Boniface VII fait étrangler Benoit VI, aveugler et mourir de faim Jean XIV. — Grégoire V, rétabli dans Rome
par une puissance impériale, fait crever les yeux, couper la
langue, les mains, le nez et les oreilles au pape Jean XVI ;
et, de peur qu'on n'en ignore, il le fait promener dans la ville
sainte nu sur un âne. — Jean XVIII empoisonne Jean XVII
pour mourir empoisonné à son tour. — Benoit VIII est la
cruauté même. — Jean XIX achète le Saint Siége. — Benoit IX le vend après s'en être fait chasser deux fois ; puis
il le reprend par l'empoisonnement de Clément II. — Hildebrand n'a-t-il pas pris dans ses mains violentes les rênes

d'une puissance nouvelle? le père suprême, le dominateur des conciles, l'absorbateur des droits généraux du monde chrétien ne doit-il pas être condamné à voir, du fond de sa tombe, les horribles résultats de cette sacrilége incarnation du glaive dans le ministère de la bénédiction?

Ami bien-aimé, marchons encore un peu de temps à travers ce vaste marais, cette grande malaria pontificale et royale. Les évêques de la diète de Worms accusent le fier Hildebrand de se plaire à séparer les époux, de préférer les filles publiques aux femmes de bien, et de se livrer lui-même à l'inceste et à l'adultère.

Hélas! mon vénérable Ami, la corruption devint si grande qu'un cardinal, qui la dépeint, donne à son livre le nom de Gomorrhe. —A Londres, à Winchester, à Poitiers, à Lillebonne, à Amalfi, à Clermont, à Reims, à Toulouse, à Latran, à Placentia, à Pavie, à Augsbourg, partout les conciles constatent la débauche et la simonie qui infestent le clergé. — Au concile de Pavie (1012), on renouvelle la loi qui condamne les enfants des prêtres à l'esclavage, même si leurs mères sont de condition libre. — Le concile d'Augsbourg (952) ordonne de tondre et de fustiger les concubines des prêtres; — à Rome (1031) on les réduit à l'esclavage. — L'évêque de Verceil est déposé pour inceste.

Le fouet et la prison ne suffisent plus; il faut en venir à la dégradation (concile de Nîmes 1091). — On va jusqu'à faire descendre les prêtres au rang des chantres (concile de Bourges). — Le concile de Reims convainc trois évêques présents de simonie, excommunie pour le même crime plusieurs prélats absents; l'archevêque lui-même est réduit à demander un délai pour se justifier. — Un concile de Lillebonne (1080) révèle que bon nombre de prélats permettaient à leurs curés d'avoir des concubines, pourvu qu'ils payassent une certaine somme d'argent.

VI

Les Croisades arrivent. L'Église officielle prêche aux barons la solennelle opportunité de racheter leurs crimes et ceux de leurs pères, en vendant leurs biens pour s'équiper et guerroyer contre les infidèles. Mais si le ministère ecclésiastique dit : « Massacre, pille, vole, viole pour te sanctifier, » il ne donne son cher or que pour s'implanter dans la possession de ces grands territoires, sur l'étendue desquels il fonde de plus en plus son royaume contre lequel les portes de l'enfer sont certaines de prévaloir, bien plus que n'a prévalu la pauvreté de Jésus-Christ.

Vous avez encore dans votre bonne mémoire, cher et aimé Vieillard, que Godefroi de Bouillon vendit ses biens à l'église de Liége pour faire face aux dépenses des croisades.

Voici les 12e, 13e et 14e siècles. L'Église, née dans la persécution, ayant maintenant à ses ordres le pouvoir séculier dont elle sait si artificieusement exploiter les passions, exerce sa main gantelée de fer et son orgueil insatiable au massacre. Il faut qu'elle frappe de tous côtés afin que nulle part on n'ignore sa toute-puissance. Immolant l'esprit de liberté, qui se réveille dans Rome même, elle ouvre une nouvelle guerre d'excommunication contre les rois qui ne veulent pas ou qui ne veulent plus être ses esclaves. Grâce aux dépouilles des hérétiques, l'opulence ecclésiastique va croissant. — Le troisième concile général de Latran, le même qui ordonne l'extirpation et la dénonciation des hérétiques, fait ressortir ce luxe en défendant aux archevêques de mener plus de quarante chevaux dans leurs visites, aux évêques plus de trente, aux archidiacres plus de sept, aux doyens plus de deux. — Un concile de Tolède est obligé d'imposer une amende contre ces excès.

Sous les auspices du 15ᵉ et du 16ᵉ siècles s'élève enfin ce monstre que l'on ne nomme qu'en rougissant. — Tremblez, enfants de la terre! M. Romieu s'est trompé de date quand il a peint son SPECTRE ROUGE sur la toile du 19ᵉ siècle. Le Spectre Rouge est sorti du sein de Rome, et sa satanique Mère s'appelait l'INQUISITION. Le poignard et le poison avaient jusque-là servi la sainte tolérance des dépositaires de la Miséricorde; mais un esprit, que Jésus-Christ nommait à ses Apôtres le « Prince de ce monde, » veut que les Papes-Rois et leur cour réalisent enfin la sainteté de cette puissance, de cette prospérité, de ces triomphes désignés si positivement par l'horrible royauté que vit Daniel, à la lueur de la souveraine indignation de Celui pour l'œil duquel les temps et les âges n'ont rien de caché. — La grande ère infernale s'ouvre par le bûcher de Jean Hus pour ne se fermer que par l'assassinat du prince d'Orange et de Henri IV : la violation du sauf-conduit et la sanctification du régicide.

Passez, Spectres horribles créés par les Borgia, les Philippe II et les Charles IX! — Lève-toi, 19ᵉ siècle, et regarde la grande Apostate qui, sous l'éphod du pardon, cache sa robe de bourreau, sa ceinture de courtisane et ses instruments de supplices. — Valléoleti se dresse plein de hardiesse devant la prostitution tiarée; il lui jette à la face la hideuse nomenclature de ses désordres. — Dom Barthélémy des Martyrs s'écrie que « les très-illustres Cardinaux ont besoin d'une très-illustre réforme. »

Clément V vend publiquement les bénéfices, et accumule des trésors immenses dans son exil. — Jean XXII invente les Annates, aussi productives au moins que le fut,

pour Boniface VIII, l'immense extension des indulgences.
— Léon X aime les grands monuments, mais il ne veut pas
que son trésor en souffre; c'est pour cela qu'il accorde à ceux
qui concourront aux dépenses de la basilique de St Pierre
la rémission de tous les crimes, même des cas réservés au
Saint Siége. Il ajoute que les voleurs et les meurtriers, qui
donneront une part de leurs biens mal acquis, auront le droit
de conserver le reste en toute sûreté de conscience. — Quand
le roi de France passe à Rome, marchant contre Naples à la
demande de Borgia, le pape lui envoie du vin, des viandes,
des filles de joie, et il se réserve, après le siége de Capoue,
les quarante plus belles femmes pour son sérail.

Le pape Marcel essaie de réformer ces mœurs épouvan-
tables; il est empoisonné pendant le concile de Trente.
— St Charles Borromée tente pareille entreprise; il est en
butte à deux tentatives de meurtre. Un de ses chanoines le
frappe; un prêtre des Humiliés venge son ordre en tentant
de l'assassiner.

VII

Mon pieux Ami, vous me trouverez peut-être bien osé de
mettre en ce moment une telle cédule sous les yeux du jury
européen que les bonnes consciences attendent, et que re-
doute la Grande-Apostasie comme l'impie à l'heure de la
mort doit redouter le jugement de Dieu. Ce que je fais,
bon et digne Vieillard, Bossuet lui-même l'a fait en son
temps. Voici sa peinture : « Il y avait plusieurs siècles que
l'on désirait la réformation de la discipline ecclésiastique.
« Qui me donnera, disait St Bernard, de voir avant de mou-

» rir l'Église de Dieu comme elle était dans nos premiers
» jours »? Si ce saint homme a eu quelque chose à regretter
en mourant, ça été de n'avoir pas vu un changement si
heureux; il a gémi toute sa vie des maux de l'Église. Les
désordres s'étaient encore augmentés depuis; et dès le temps
du concile de Vienne, un grand Évêque chargé par le pape de préparer les matières qui devaient y être traitées mit
pour fondement de l'ouvrage de cette sainte assemblée qu'il
y fallait réformer l'Église dans le chef et dans les membres.
Le grand schisme arrivé un peu après mit plus que jamais
cette parole à la bouche non seulement des docteurs particu-
liers (d'un Gerson, d'un Pierre d'Ailly) et des autres grands
hommes de ce temps-là, mais encore des conciles; et tout
en est plein dans le concile de Pise et dans le concile de
Constance. On sait ce qui arriva dans le concile de Bâle où
la réformation fut malheureusement éludée, et l'Église re-
plongée dans de nouvelles divisions. Le Cardinal Julien
représentait à Eugène IV le désordre du clergé. « Ces dé-
» sordres, lui disait-il, excitent la haine du peuple contre
» tout l'ordre ecclésiastique, et si on ne les corrige pas on
» doit craindre que les laïcs ne se jettent sur le clergé à la
» manière des Hussites. » Quelle accusation! quel témoignage!

Courage, Ami! je mettrai toute la brièveté possible, mais
il faut marcher encore. — Voici Jean XXIII que l'on peut
sans crainte nommer le PRÊTRE PIRATE, l'ÉVÊQUE LOVELACE.
Il s'assied sur le trône théocratique par l'empoisonnement
d'Alexandre V; rien ne lui coûte, il s'abandonne à tous les
excès. Inceste avec la femme de son frère, adultère, empoi-
sonneur, voleur, homicide, sacrilége; je n'ose pas écrire le
nombre de religieuses cloîtrées qui furent l'objet de sa profanation. — Paul II se fait nommer LE BEAU, et ruine le
trésor pour se parer comme une femme. — Sixte IV achète

la papauté, livre les dignités, les trésors de l'Église, et veut
même donner la tiare au fils qu'il avait eu de sa sœur, jeune débauché qui étonnait de son luxe la Rome du Christianisme. Qui énumérera jamais ses cruautés, ses conspira-
tions, ses débauches? C'est à lui que la Ville Éternelle doit
les maisons publiques légalement autorisées; c'est à ce pape
infaillible que revient l'honneur d'avoir fondé l'impôt de la
prostitution. Rome comptait alors plus de cinquante mille
femmes vivant publiquement de leur beauté. — Sixte IV
savait, comme Vespasien, que l'or ne sent pas l'égoût. — Innocent VIII le remplace et l'imite. Il achète aussi le pouvoir sacré pour le faire servir à tous ses vices, et pour en-
richir ses bâtards. C'est ce monstre qui lança la bulle d'excommunication contre les Vaudois.

Voici les Borgia, et le Bas Empire est surpassé. Les
mêmes mains déchaînent la mort sur les deux mondes dont
l'un vient d'être ouvert à la prédication et au massacre;
versent le poison à leur table, et mènent le banquet des
courtisanes. Qui lira, sans se cacher le visage dans les
mains, les hideuses infamies de cette cour pontificale et
royale, raffinée et sans excuse? Lucrèce règne sur le Saint
Siége. — Est-ce, oui ou non, L'ABOMINATION DE LA DÉSOLA-
TION DANS LE LIEU SAINT? Inceste de la fille et du père,
Alexandre VI, qui l'enlève à son mari; inceste de la sœur
et des frères qui tour-à-tour se tuent pour elle; histoire
infernale d'empoisonnements et de coups de poignards; les
bâtards de cette noble famille faits cardinaux, et les frères
de ces prostituées de la tiare devenant papes; un de ces
Farnèse violant un vieillard évêque; et enfin ce banquet
des cinquante courtisanes où tout le Sacré Collége s'amuse
à voir des femmes nues se disputer des châtaignes, et lutter
à qui sera la plus forte en débauche.

O religion chrétienne, ta divinité se prouve par cette vie que n'ont pu tuer tant de turpitudes et tant d'horreurs !

Après ces noires et lugubres orgies voici venir l'intrigue et les violences des Jules II et des Clément VII.

Pardon, mon pieux Ami, passons encore de Borgia à Grégoire XIII et à Sixte quint, de l'amant de Lucrèce aux sauvages apologistes de la St Barthélemi et de Jacques-Clément, dont l'un institue un jubilé pour rendre grâces à Dieu des succès de Charles IX et du duc d'Albe, dont l'autre avait fait périr plus de quatre mille victimes.

Les barrières de la conscience étaient ouvertes. On ne risquait rien ; tout était permis pendant que ces monstres couverts de leur infaillibilité ordonnaient tous les crimes publics contre l'hérésie. Il fallut à plusieurs reprises, sous Paul II et sous Innocent VIII (1463, 1490), défendre aux prêtres de se faire entremetteurs, de tenir des maisons de jeu ou de débauche. Cependant les évêques s'arrogeaient encore le droit de juger seuls les coupables auxquels ils donnaient l'exemple. — Le concile de Constance sanctionne la plus odieuse morale : il déclare que la parole donnée aux hérétiques ne doit pas être tenue. — Un tarif était en vigueur pour le rachat des péchés, et même des crimes, à prix d'argent : tant pour le parricide et pour l'infanticide, tant pour l'empoisonnement ou le rapt, tant pour l'adultère et le crime contre nature. Celui qui a profané une vierge paiera l'absolution six gros ; la femme qui aura pratiqué l'avortement, cinq gros. . . . — « Dieu ne veut pas la mort du pécheur, mais qu'il paie et qu'il vive, » disait un camérier d'Innocent VIII.

VIII

Après les sanglantes boucheries de la saint Barthélemi viennent les Dragonades. Rome perd les Borgia et invente les Jésuites. L'Église s'est vu arracher par l'affranchissement la moitié de l'Europe ; mais elle glane encore des victoires sur le bûcher d'un million de sorciers que châtie sa main maternelle. Elle cherche à ressaisir par la ruse ce qu'elle a perdu par la violence. Partout où elle reste victorieuse règnent le silence et la mort.

Nous sommes à l'époque de la révocation de l'édit de Nantes, des banqueroutes des Jésuites, du martyre de Galilée, et à l'époque des abbés musqués, du père Lachaise et de l'infâme cardinal Dubois.

Vers ce même temps Paul V soutient l'impunité civile des prêtres ; et grand Dieu ! quel est le sujet qui lui fait mettre tant d'insistance et employer tant de flatteries, de menaces et de colères ? C'est d'abord un abbé coupable de parricide, de fratricide et d'inceste ; puis un misérable moine vénitien qui avait égorgé une enfant de onze ans.

Les règnes de Louis XIV et de Louis XV présentent un spectacle d'autant plus odieux que les lumières intellectuelles brillent d'un plus resplendissant éclat. C'est l'ère du monde policé. Eh bien ! Bossuet, Massillon, Fléchier, Fénélon lui-même approuvent la révocation de l'édit de Nantes, applaudissent aux succès des dragonades. Catinat se fait bourreau contre les Vaudois.

L'Inquisition continuait à fonctionner en Espagne. Le spectacle d'un auto-da-fé était de rigueur dans les fêtes royales. Il est vrai qu'on ne compte que seize cent trente victimes du bûcher sous le pieux règne de Philippe IV, et mille seulement sous Philippe V. — Dans le reste de l'Europe ce sont des sorciers qu'on brûle. — Le cardinal Albert pousse la mansuétude jusqu'à décréter de brûler des fournées d'enfants s'ils ont l'âge de puberté ; « à savoir 14 ans pour les mâles, 12 ans pour les femelles. » (Lettre d'Albert aux officiers de justice de Douai, du 10 janvier 1613, archives du royaume de Belgique.)

Toute l'Europe s'épouvante de la morale des Jésuites. On les chasse partout comme pervers et régicides, comme banqueroutiers frauduleux. Ils couronnent leurs œuvres par l'empoisonnement de Clément XIV.

Six jours après la signature du traité de Pise Alexandre VII, par un écrit secret qu'il déposa dans les archives du Saint Siége protestait contre ses engagements publics, les déclarant nuls. — Son prédécesseur vivait incestueusement avec sa sœur Olympie. — En Portugal Jean V se fait un sérail d'un couvent d'Olivelas.

Trois grands scandales publics viennent de nouveau épouvanter le monde chrétien : — On entend éclater comme un foudroyant orage, l'enquête faite par le duc de Toscane et l'évêque de Pistoie en Piémont ; — l'Espagne fait connaître l'ignoble et dégoûtant procès de la mère Aguëda ; — La France voudrait effacer de ses archives criminelles le procès de la Cadière. — Ensuite la plume se refuse à peindre ces horribles détails.

La Régence vint faire parade de son impiété et de sa débauche. Louis XV fut luxurieux et dévot. Le clergé resta digne de la cour : riche de nombreux millions, après avoir acheté la révocation de l'édit de Nantes, il achète le retrait du privilége de l'Encyclopédie ; il tolère et absout les adultères du roi, trafique largement des bénéfices, s'affranchit de la gênante célébration des cérémonies du culte, préfère à ses ouailles les plaisirs d'une cour dissolue. On le voit représenté par l'archevêque Loménie surnommé l'athée, par un archevêque d'Arles célèbre par ses amours avec deux religieuses de St Césaire, par un Talleyrand de Périgord, un cardinal de Rohan qui veut acheter la Reine, par un cardinal de Tencin simoniaque par acte authentique, par l'abbé Terray accapareur de grains, par un évêque de Tours que Richelieu sacre évêque de Sodome in partibus.

Lorsque, épuisée par tant de désordres, la France demande à ce même clergé une part des trésors qu'il gaspille en orgies, ou qu'il prodigue pour traquer la pensée et la liberté, il se révolte, refuse les sacrements. — Je fermerai ce cloaque par le nom de l'infâme Dubois qui achète le conclave, qui décide de la papauté envers celui qui sera assez aveugle ou assez sacrilége pour lui donner le chapeau de cardinal.

Qu'elle était pauvre cette Église sortie de la crèche et s'affirmant sur le Calvaire! L'abbé Orsini évalue les propriétés du seul clergé de France à six milliards de fonds et à cent cinquante millions de revenu.

Quand la révolution Française vint à se faire la sévère vengeresse de l'humanité, le Christianisme, mon vénérable Ami, avait 1802 ans de règne. L'esclavage aboli par les rois ne l'était point encore par les ministres de Celui qui est venu, comme il le dit lui-même, briser les liens et les fers des opprimés. Loin de là, le pape qui se dit vicaire de Jésus-Christ, se lève pour ce qu'il appelle la défense des biens de l'Église, il ose dire : « Tout ce qui a été une fois consacré à Dieu, homme, animal, ou champ, est sacré et appartient aux prêtres. » En évoquant au 18e siècle ces paroles du sixième concile de Tolède il n'a pas même honte de laisser subsister dans l'énumération des propriétés cléricales le bétail humain [sive fuerit homo]. (Bref de Pie VI aux évêques de l'Assemblée nationale 10 mars 1791.)

Depuis, n'avons-nous pas un mélange aussi hideux de conciles, d'ordonnances et de règlements de conscience élaborés et sanctionnés par l'Église du 19ᵉ siècle? Écoutons l'abbé d'Astros :

« Quiconque résisterait aux ordres de l'Empereur Napoléon établi de Dieu même se rendrait digne de la damnation éternelle. » En 1809, l'évêque de Troyes, M. l'abbé de Boulogne exprime la piété filiale de son cœur de pontife en ces termes : « Puisse le souverain Maître des rois veiller d'une manière particulière sur la nouvelle dynastie qui se forme, sur la race Napoléonienne, rendre le trône sur lequel elle doit s'asseoir, immuable comme le soleil, et la faire traverser d'âge en âge toujours triomphante et toujours couronnée par la victoire et par la vertu. » — A peine Napoléon est-il relégué aux extrémités du monde, la même piété épiscopale suppliait le même Dieu d'aider le roi légitime à fermer l'abîme de maux que la funeste apparition de L'ENNEMI DU MONDE avait ouvert sous nos pas.

Nous avons le Compendium de St Liguori, l'auguste résurrection et réhabilitation de celui de Busembüm, nouvelle [medulla moralis theologiæ] moëlle de la théologie morale, affirmation des licences des Layman, des Tamburini et des Sanchez. — Après l'évêque napolitain vient, mais plus fanatique et plus coupable, M. Bouvier, évêque du Mans et comte romain. Son Compendium publié en 1841 est un ramassis d'horreurs et d'impuretés qui feraient honte aux princes-évêques de la Régence. Il traite d'impie le principe de la souveraineté du peuple. « Il n'est rien, dit-il, que le prince ne puisse faire lorsque les circonstances l'exigent. Ils ne sont tenus à aucune des lois civiles. Les sujets doivent, lorsque le prince légitime l'ordonne, prendre les armes contre l'usurpateur, et le combattre, le terrasser et le chasser s'ils le peuvent; bien plus, un particulier doit le tuer com-

me un malfaiteur public. » — Nous avons pris un peu plus
d'âge. La vérité nous presse davantage de lui céder enfin notre paresse et notre indifférence ; la doctrine de Jésus ne ces-
se de nous crier : « Malheureux ! ouvrez donc les yeux,
« voyez où vous allez ! » Hélas ! les Tolet, les Fillicius, les
Emmanuel Sa, les Escobar, les Molina, les Tolitanus ne ces-
sent de se multiplier et de grandir.

Au 19ᵉ siècle, les populations chrétiennes, les gouvernements chrétiens sont encore sous le joug de cette puissance
sacrilége, qui s'est élevée dans le sein même des baptisés,
malgré les sages conseils et les apostoliques avertissements
de St Jean et de St Paul !

IX

Ami, c'est mon dernier paragraphe. Encore cette monstruosité à étudier, puis nous nous trouverons avec le divin
Maître en face de Rome et du monde chrétien au siècle 19ᵉ.
— Voici Grégoire VII qui parle ex cathedrâ : « L'Église
Romaine, dit-il, est fondée par le Seigneur seul. Ce Pontife a seul le droit d'être appelé Pontife Universel. Son nom
est le seul qui doive être nommé dans l'Église. [Quod illius
solius nomen in ecclesiâ recitetur, quod unicum est nomen
in mundo.] L'Église Romaine n'a jamais erré et, d'après
l'Écriture, n'errera jamais. - Nul n'est catholique s'il n'est
en concordance avec l'Église Romaine. » (Dicta papæ
Greg. VII apud Labbe, v. 10 p. 100.) — Boniface VIII ne
trouve pas que ce soit encore assez. Pour bien préciser son
pouvoir suprême, il ajoute : « Nous déclarons, affirmons,
réglons et proclamons qu'il est absolument nécessaire au salut que toute créature humaine soit soumise au Pontife Ro-

main. » — Innocent III, dans ses solennelles épîtres, les grands jurisconsultes romains, tels que Gratien et Marta, avec la sanction et l'autorisation des maîtres de l'Église chrétienne, surenchérissent encore sur les orgueilleuses prétentions du pape Grégoire.

Écoutez, mon Ami, non que je puisse croire que vous l'ignoriez, mais parce que je me sens obligé de le représenter à votre mémoire, bien que cela fasse partie des choses qui devraient être ensevelies pour jamais; écoutez : — « Le Pape a le plein-pouvoir de déclarer, limiter et dispenser contre le Droit Divin et contre l'Apôtre. « Est-il rien de plus précis et de plus impie que ce langage : [Contrà jus divinum et contrà apostolum?] Il n'est donc plus surprenant de lire ce qui va suivre : « Celui qui croit que notre seigneur dieu le pape n'a pas le droit de décréter comme il le fait doit être considéré comme un hérétique. [Credere autem dominum deum nostrum papam sic non potuisse statuere hæreticum censeretur. (V. Xenzelius et Grat. decret. dis. 96.]

Cette papauté, pour laquelle on fait tant de bruit, qui soulève tant de passions, s'élève au-dessus de toute loi soit ecclésiastique, soit humaine, soit divine. [Potest dispensare contrà Jus Divinum, contrà Apostolum, et potest tollere jus positivum sine causâ.] — Voilà dans l'univers le seul être sans loi pour lui-même, avec le pouvoir d'en donner une à tous. [Est super omnia Concilia quæ interpretatur, tollit, colligit et alterat.]

Oh! mon bon Ami, prenez courage! Si nous ne sommes pas en face de Sathan lui-même, nous sommes en face d'un de ses oracles, ou nous parcourons les scènes les plus attestatives de la folie! Cet homme, ce vicaire de Jésus-Christ, ce christ visible peut aliéner tous les biens de l'Église, si cela lui convient, car on ne peut lui imposer aucune loi; rien ne peut le retenir, pas même le serment. [Potest res ecclesiæ alienare etiamsi jurâsset non alienare, quia sibi non potest imponere legem etiam 'jurisjurandi.] Il pourrait enlever aux chrétiens les biens spirituels mêmes, il en a le droit. [Papa omnia potest de plenitudine potestatis quam solus habet; ejus sententiæ standum etiamsi contradiceret ecclesiæ] — Le pape peut tout dans la plénitude du pouvoir que seul il possède. Sa sentence demeure, fut-elle en contradiction avec l'Église.

Vous rougissez, mon vénérable Ami; Hélas! voici encore : [Si Papa erraret præcipiendo vitia et prohibendo virtutes, tenetur Ecclesia credere vitia esse bona et virtutes malas, nisi vellet contrà conscientiam peccare, nec de hâc re dubitare, sed simpliciter obedire.] « Si le pape errait en ordonnant le vice et en défendant la vertu, l'Église est obligée de croire que le vice est le bien et la vertu le mal, sous peine de pécher contre sa conscience; elle ne doit nullement discuter mais simplement obéir. » — Voilà, d'après les autorités des Grégoire, des Innocent, et des Boniface, d'après les éminents Gratien et Marta, les simples pouvoirs que se donne ou se fait donner cet homme que les chrétiens appellent leur COMME-DIEU, c'est-à-dire, PÈRE SAINT, SAINT PÈRE, TRÈS-SAINT PÈRE. Jamais, avant ce désordre de l'orgueil qu'on ne peut comparer qu'à celui de Sathan, un tel pouvoir n'était apparu dans le monde. Tibère, dans la démence de son ivresse, fut tout près de joindre à son titre d'empereur celui de grand-pontife; mais son délire n'alla point jusqu'à se faire appeler le très-saint père de ses sujets.

Vénérable Ami, j'en appelle à votre jugement de chrétien et de prêtre de Jésus-Christ; comment qualifier cette voix menaçante qui sort de Rome, tendant à se faire semblable à celle de Dieu tonnant sa loi sur les hauteurs du Sinaï? Comment qualifier cette prétention humaine assez égarée pour oser crier à tout le genre humain : « J'ai le pouvoir sur toute chair, et je donne la mort ou la vie éternelle à qui je veux ; je peux proscrire le bien et prescrire le mal. J'ai ce droit sur toutes les consciences. Mon pouvoir est au-dessus de toutes les lois divines et humaines ; je livre à l'anathème quiconque met en doute mon infaillibilité, et le ciel est fermé pour jamais à qui s'exempte de l'obéissance absolue exigée par moi. »

Ah! que vous avez dû verser de larmes, mon pieux Ami! que de fois votre cœur s'est senti transpercé d'un glaive quand, devant de telles impiétés, vous lisiez ces paroles de l'Apôtre des Gentils aux Chrétiens de Thessalonique :

« Prenez garde que personne ne vous séduise en aucune » manière que ce soit, car le jour de l'avènement de Notre » Seigneur Jésus-Christ ne viendra point que la Grande » Apostasie ne soit consommée auparavant, et qu'on ait vu » paraître l'HOMME DE PÉCHÉ, CE FRUIT DE PERDITION, CET » ENNEMI de DIEU qui s'élèvera au-dessus de tout ce qui est « de Dieu et qui est adoré, jusqu'à s'asseoir dans le temple » de Dieu, voulant lui-même passer pour Dieu. (2ᵉ épit. » II, 3, 4.) »

Ah! Rome, héritière de Jérusalem et de Sion, tu ne lisais donc pas le livre des Néophites? Ces paroles de Michée ne t'ont donc jamais frappée? « Il vient un jour où le Seigneur » rassemblera celle qui était boiteuse, avant de réunir celle » qui était chassée et affligée. Ils n'ont pas connu la pensée » du Seigneur ceux qui disaient de Sion : « Qu'elle soit la- » pidée, et que nos yeux se réjouissent de son malheur »! » Ils ne comprenaient pas que le dessein de Dieu était de les » rassembler, comme on amasse la paille dans l'aire, pour » immoler au Seigneur tout ce qu'ils ont ravi aux autres. » (IV, 6. - XI, 13.) »

Est-ce seulement à Jérusalem que sont applicables ces terribles paroles de Jérémie? « Les dépositaires de ma loi ne

» m'ont point connu ; les pasteurs ont été les violateurs de
» mes préceptes; ils ont adoré Baal et aimé les idoles. C'est
» pourquoi je leur dirai en jugement :

« Vous avez brisé mon joug dès le commencement et vous
» avez rompu mes liens.

» Comme un voleur est confus lorsqu'il est surpris, ainsi
» la maison d'Israël, ses rois, ses princes, ses prêtres et ses
» prophètes seront couverts de confusion.

» Pourquoi vous réclamez-vous de moi? ne m'avez-vous
» pas tous abandonné, dit le Seigneur?

» Votre épée s'est enivrée de sang, votre race est com-
» me celle du lion qui ravage tout.

» Comment pourrez-vous justifier votre conduite, rentrer
» en grâce avec moi, vous qui avez enseigné aux autres à
» continuer le mal que vous faites?

» N'a-t-on point trouvé dans vos mains le sang des pau-
» vres et des innocents? vos fosses ne sont pas les seuls
» lieux recélant les témoignages de vos assassinats? (II. 8,
» 9, 20, 26, 29, 30, 33, 34.) »

Oh! si les prophéties anciennes ne se rapportaient qu'à
Israël, nous ne trouverions pas dans les Lamentations du
prophète hébraïque cette menace universelle :

« J'étendrai mes mains sur les habitants de la terre, dit le
» Seigneur, parce que, depuis le plus petit jusqu'au plus
» grand, tous s'étudient à satisfaire leur avarice.

» Depuis le prophète jusqu'au prêtre, tous ne pensent qu'à
» tromper avec adresse. (Jérémie, VI. 12, 13.) »

N'est-ce point à tous les promulgateurs de la révélation
divine, à tous les économes religieux, que s'adressait Amos
lorsqu'il disait :

« Malheur à vous qui vivez dans l'abondance, Grands qui
» êtes les chefs des peuples, qui entrez avec une pompe fas-
» tueuse dans leurs assemblées!

" Vous êtes réservés pour le jour de l'affliction, vous qui
" dormez sur des lits d'ivoire, qui employez le temps du
" sommeil à satisfaire votre mollesse ;

" Qui mangez les agneaux les plus excellents et les veaux
" choisis dans les troupeaux ;

" Qui buvez le vin à pleines coupes, et qui êtes insensi-
" bles aux gémissements de Joseph (l'esclavage).

" Hommes de volupté, vous serez chassés ; troupe nourrie
" dans les délices, tu seras dissipée.

" Le Seigneur l'a juré par lui-même ; notre Dieu a dit :
" Je déteste l'orgueil, je méprise la maison des superbes,
" et je les abandonnerai aux mains de leurs ennemis.

" Maison coupable, je vais susciter contre toi une nation
" qui te réduira. (vi. 1, 3, 4, 6, 7, 8, 15.) "

On dirait que Zacharie entendait, du sommet de ses vi-
sions, les cris et les gémissements de l'armée épiscopale au
19ᵉ siècle.

« J'entends, dit-il, les voix et les lamentations des pas-
" teurs, parce que ce qu'ils avaient de plus magnifique leur
" est enlevé ; les lions rugissent de ce que leur gloire va s'a-
" néantir.

" Voici ce que dit le Seigneur : Défendez maintenant les
" brebis qui étaient toujours comme destinées à la boucherie ;
" Que leurs maîtres égorgeaient sans aucune compassion, et
" qu'ils vendaient en disant : « Béni soit le Seigneur, nous
" sommes devenus riches. (xi. 3, 4, 5.) "

" Les jours du Seigneur vont venir, et vos dépouilles se-
" ront partagées devant vous.

" En ces jours-là il n'y aura plus de marchands dans le
" temple. (xiv. 1, 21.) "

St Grégoire de Nazianze venait sans doute de méditer sur
ces paroles, lorsque son âme exprimait ainsi son juste et consciencieux navrement. — « Plût à Dieu, s'écriait-il, qu'il n'y

eût aucune distinction de rang, aucune prérogative tyranni-
que, afin que nous fussions connus par la vertu seulement;
mais maintenant ce désir d'être l'un à la droite et l'autre à
la gauche, ces degrés supérieurs et inférieurs, cette préséan-
ce de l'un sur l'autre ont produit une infinité de maux, pous-
sé dans l'abyme et conduit même aux lieux destinés aux
boucs un grand nombre, non seulement du peuple, mais des
pasteurs qui, bien qu'ils fussent maîtres en Israël, ont igno-
ré ces choses. » (Orat. 28.)

SECONDE PARTIE.

I

O mon cher et vénérable Ami, je sens faiblir ma force, et malgré moi je perds mon assurance. Ce n'est plus en face de l'histoire que je me trouve, me voici devant Celui qui dit à l'Ange de Pathmos :

« Je suis L'ALPHA et L'OMÉGA, le TOUT-PUISSANT, CELUI » QUI DOIT VENIR. (Apocalypse, I. 8.) »

Et en effet, le voici qui vient pour juger celle qu'il nomma Jézabel, celle qu'il fit l'héritière des prophètes et la dépositaire de ses miséricordieux enseignements.

Ministre de sa grâce et de son amour, aidez-moi de votre prière et de votre bénédiction!

Il vient demander compte à son Église de ces querelles, de ces colères, de ces vengeances, de ces mille maux par lesquels elle a désolé la terre et accablé l'humanité. Il vient non seulement appeler au congrès toutes les parties du monde, mais encore constituer en cour de justice et en jury solennel toutes les nobles consciences qui sont restées libres, tous les cœurs droits qui ne se sont point vendus, tous les amis sincères de la justice et de la vérité. Il vient, et c'est devant Rome et devant la Chrétienté qu'il va dresser la barre sacrée de son jugement!

Courbons nos têtes, inclinons nos cœurs ; le voici Celui dont il est écrit :

« Je suis le Témoin fidèle, le Maître des rois de la terre, » qui vous ai appelés à être le royaume et les prêtres de » Dieu ;

» Je vous ai fondés dans mon amour, et je vous ai remis » le prix de mon sang pour purifier la terre et solder les » péchés de l'humanité. (Apocalypse, I. 5, 6.) »   .

Nations et Peuples, reconnaissez-le ! c'est lui qui est vêtu de la robe rouge du sacrifice et caché encore dans le resplendissant manteau de l'Évangile. Cieux, répandez sur nous votre rosée protectrice, et laissez parvenir dans nos cœurs les purs rayonnements de votre clarté.

« Écoutez, dit Celui qui est le premier et le dernier, qui a été mort et qui est vivant : Rome est cette grande Babylone qui est devenue la demeure des démons, la retraite de tout esprit impur, le repaire des oiseaux de proie et de haine. C'est elle qui a fait boire à toutes les nations le vin de la colère, et qui a convoqué les rois de la terre à l'alliance de sa prostitution (Apocal. I. 17, 18. XVIII. 2, 3.) : reconnaissez-la sous ses vêtements de pourpre et d'écarlate, sous sa triple couronne d'or enrichie de pierres précieuses. Jugez de sa vanité par ses chaussures brodées de perles. Ses mains sont toujours pleines d'or. Il est temps que vous distinguiez l'épouse de la miséricorde et du pardon, de celle dont le front porte devant l'appréciation rationnelle des peuples le nom MYSTÈRE justifié hélas ! par les innombrables abominations qui sont nées d'elle et qui ont atteint de leur corruption toutes les générations de la terre. Abandonnant les principes originaires de ma Crèche et de mon Calvaire elle s'est enivrée du sang de ceux qu'elle devait bénir, et elle a tué dans d'horribles supplices ceux dont la foi se révoltait contre son despotisme. (Apocalypse XVII. 4, 6.)

„ J'ai voulu qu'elle fût connue longtemps d'avance; c'est pourquoi mon disciple bien-aimé vous a écrit dans sa révélation qu'il tenait de moi, que la grande prostituée dont il peint la juste condamnation a pris le nom de cette grande ville qui a régné si longtemps sur les peuples et sur les rois de la terre; c'est elle qui a séduit mes serviteurs pour les adjoindre à sa fornication et en faire les défenseurs de son idolâtrie. Je lui ai donné tout le temps nécessaire pour qu'elle fît pénitence; mais elle tenait moins à moi qu'à sa prostitution. Je vais lui arracher ce qui lui était préférable à l'amour de ses enfants. Je veux que toutes les Églises la connaissent par moi qui sonde les cœurs et les reins, qui rends à chacun selon ses œuvres.

„ Je lui ai dit et fait dire : Souviens-toi donc de ta naissance, souviens-toi de l'état dont tu n'as cessé de déchoir! Tu dis vainement que tu es riche, que tu es comblée de biens, que ton pouvoir est impérissable; mais Celui qui t'a choisie, qui t'a fondée, te voit malheureuse et misérable, devant lui tu es aveugle et nue. Ah! quitte ces faux biens, laisse-là et abandonne sans retour les choses périssables auxquelles tu t'es liée. A qui appartiennent ces parures sous lesquelles tu te drapes? Sont-ce mes apôtres qui te les ont léguées? Ce lituus sceptre d'orgueil, cet anneau signe d'alliance avec la richesse et la domination, cette mitre, attestative d'une royauté qui insulte et réprouve la mienne, cette alba vestis que portaient avec leur tête rasée les grands-prêtres d'Anubis, toute cette livrée payenne n'est-elle pas devant les hommes et devant moi une accusation permanente? Tu ne pouvais croire que tu m'honorais en donnant ton esprit et ton cœur au vain apparat de ces honteuses parures. Le culte que je t'ai confié était assez saint, assez noble, assez digne, assez solennel, sans que tu y ajoutasses tous ces ridicules.

» Tu as voulu confirmer par les égarements les plus outrageants à ma gloire ces terribles paroles de la prophétie dont tu étais appelée à être l'intelligente dépositaire ; tu as dit devant les siècles et devant l'humanité : « Je siégerai à » jamais en reine, et mes rois ne mourront point. (Apoca- « lypse. XVIII. 7.) » C'est pour compléter cette audace crimi- nelle, que tu te faisais porter en triomphe au milieu de ta grande cité, non sur un char traîné par des mules ou par des bœufs, mais sur les épaules d'hommes, dont les âmes et les fronts doivent attester partout la raison de mon sacrifice, la gloire de mon nom et le prix de mon sang.

» Rappelle-toi donc les louanges de tes admirateurs lors- que aux premiers jours du 4e siècle ils lançaient par tes con- seils ces flagellants sarcasmes à ceux que tu abominais sous le nom de payens ; c'est Arnobe qui parle : « Ils discernent » leurs dieux, dit-il, par les lieux de leurs demeures ; ils » leur assignent des logettes ; ils leur fabriquent des con- » claves, des cellules, et ils croient que ces idoles ont besoin » de logements, non seulement comme les animaux, mais » encore comme les plus grands parmi les hommes. Ils » mettent un art particulier à les représenter avec toute » sorte d'emblêmes : à Saturne ils donnent une faucille, à » Bacchus une coupe, à Neptune un trident, à Vulcain un » marteau. Ils mettent leur Silène sur un âne, ils coiffent » d'un casque leur Minerve en lui mettant une hallebarde » dans la main. Ils brûlent des parfums devant toutes ces » images, et ils leur offrent de l'encens à coups d'encensoirs. » Ils les revêtent d'habits magnifiques, comme si elles pou- » vaient craindre le chaud et le froid ».

II

» A peine celui qui vantait ton souverain mépris pour toutes ces superstitions et tous ces ridicules, achevait-il de passer en revue ces produits de l'ignorance et de l'aberration, que tu t'empressais déjà d'y condescendre, et cela non point pour ma gloire, mais bien pour t'attirer un plus grand nombre de créatures! Tu voulais régner, il te fallait former ton royaume et t'assurer quand même des sujets.

» Le temps qui ne devait appartenir qu'à tes sollicitudes envers ceux que j'appelais par toi aux divines connaissances des vérités émancipatrices dont je t'avais constituée la dépositaire, ce temps tu le sacrifiais à ce fallacieux travail par lequel tu voulais ajuster ensemble toutes ces bigarrures d'imagination en délire, tous les tronçons de ces armes qui se brisaient d'elles-mêmes sous l'éclat de l'Évangile, quoique depuis longtemps tu eusses commencé à en cacher la bienfaisante lumière. A quoi cela t'a-t-il servi? Tu n'as pu faire disparaître les traces de cet amalgame et de ce plagiat. La marque de l'idole tombant est restée sur ton front comme une tache livide, comme un signe de honte, comme une plaie mortelle.

» Pierre, dont tu invoques le nom et la prépondérance apostolique pour soutenir tous tes sophismes orgueilleux et tes insatiables appétits de possession, n'avait-il point exprimé, dans sa première épître, comment il comprenait ma volonté divine et la raison fondamentale de cette Religion sacrée, pour la promulgation de laquelle je m'étais plu à le choisir? N'a-t-il pas écrit en parlant de tout l'ensemble chrétien : « Vous êtes la race choisie, l'ordre des prêtres-rois, » afin que vous publiiez les grandeurs de Celui qui vous a

» appelés des ténèbres à son admirable lumière (II. 9) »?
— C'est pénétré de cette vérité que Tertulien dit avec une
parfaite justice : « Au sortir des fonts baptismaux, on nous
» oint d'une onction bénie, qui tire son origine de la céré-
» monie ancienne par laquelle on avait l'habitude de consa-
» crer les prêtres, en leur répandant un vase d'huile sur la
» tête ». — L'éloquent Ambroise a dit aussi, conformément
aux paroles de Pierre : « Ce n'est pas sans raison que l'Égli-
» se emploie, pour le baptême de tout chrétien, l'huile béni-
» te et le chrême saint dont elle se sert pour la consécration
» des prêtres et des évêques. N'est-ce point par cette augus-
» te consécration qu'elle nous fait des christs ou des chré-
» tiens? CHRIST signifiant OINT ou SACRÉ, le nom CHRÉTIEN,
» qui en est un dérivé, se comprend alors par sa participa-
» tion à l'onction et à la consécration de Notre Seigneur
» Jésus-Christ ».

» Pierre, en écrivant ses Épîtres, se souvenait que j'avais
dit :

« Les peuples ont des maîtres qui les commandent, et les
» nations des princes qui les dominent ;

» Qu'il n'en soit point ainsi parmi vous !

» Le serviteur n'est pas plus que le maître, et l'envoyé
» n'est pas au-dessus de celui qui l'a envoyé (Matthieu,
» XX. 25, 26. - Jean XIII. 16. - Luc VI. 40.) ».

» Il se souvenait intelligemment de cette promesse :

« Lorsque deux ou trois de mes disciples s'assembleront
» en mon nom je serai au milieu d'eux (Matt. XVIII, 20.) ».

» Il savait également que pour être mon disciple, il fallait
suivre ma doctrine, marcher sur mes traces et garder fidè-
lement ces paroles :

« Je vous fais un commandement nouveau qui est que
» vous vous aimiez les uns les autres, et que vous vous
» entr'aimiez comme je vous ai aimés moi-même.

» C'est en cela que tous connaîtront que vous êtes mes
» disciples.

» Personne ne peut avoir un plus grand amour que de
» donner sa vie pour ses amis.

» Vous êtes mes amis si vous faites cela. (Jean xv. 12,
» 13, 14.) »

» Je n'ai donc point établi de suprématie ni de prépondérance parmi les miens. Ils sont tous frères, ils ne forment
qu'un même corps dont je suis la tête. C'est un ensemble de
temples et de tabernacles disposés et préparés pour la constitution de ce royaume que j'ai dit si souvent se nommer le
royaume de Dieu. Pourquoi n'as tu pas continué à marcher
cette voie de purification, de consolation, de sanctification
et de conversion que je t'avais ouverte en y laissant, pour *ta*
gouverne et ta sécurité, les monuments de fidélité et de simplicité, œuvres de ces courageux athlètes que j'avais formés
pour l'évangélisation de l'univers? Comment as-tu fait pour
oublier le saint exemple de ces serviteurs dévoués qui, au
lieu de vouloir se faire adorer par les habitants de Lystre,
touchés d'une sublime compassion devant leur ignorance,
leur dirent avec l'onction de la douceur et de la bonté digne
de leur ministère : « Frères, nous ne sommes que des hom
» mes comme vous, assujétis aux mêmes misères et aux mê
» mes infirmités (Actes, xiv. 10, 17.) »?

» Rome! Rome! mes apôtres n'oublièrent jamais qu'ils
m'avaient entendu leur dire ce qu'ils t'ont remis eux-mêmes
par écrit :

« Ne vous laissez point appeler maîtres parce que vous
» n'avez qu'un seul Maître et que vous êtes tous frères.

» Ne donnez pas non plus à personne d'entre vous le nom
» de père, parce que vous n'avez tous qu'un Père qui est
» dans les cieux.

» Qu'on ne vous appelle donc point ni maîtres ni chefs,
» parce que vous n'avez qu'un seul maître et qu'un seul
» chef qui est le Christ (Matthieu, XXIII. 8, 10) ». Ils furent
fidèles dans cette sainte observance; c'est pourquoi tu ne
vois jamais quand ils parlent les uns des autres, quand ils
parlent ou qu'ils écrivent en leur nom particulier, aucune
adjonction à leur nom personnel que le nom de leur ministère, et encore ont-ils un soin méticuleux de n'en point
faire parade.

» Et toi, comment as-tu osé dire aux peuples qu'héritière
de tant de vertus et d'une si parfaite simplicité tu pouvais
à ta guise te donner à toi-même et donner aux tiens les noms
les plus orgueilleux et les plus incompatibles avec la raison
de ton ministère, ainsi qu'avec le principe de ton origine?
Non seulement les tiens ont violé la sagesse de mes ordonnances en se faisant appeler MAÎTRES et PÈRES, mais cela ne
leur a pas suffi, et loin de t'indigner de cet outrage à mes
préceptes tu as applaudi au délire dans lequel ils se sont fait
donner les noms suprêmes de TRÈS-SAINT PÈRE, de SEIGNEUR,
d'AMPLITUDE, de PRINCES, de ROIS.

III

» Dès-lors la pensée de la Crèche, la mémoire de la Croix
n'ont plus été pour toi qu'embarras et remords. Tu prê-
chais l'une et l'autre, mais ta vie et tes œuvres en étaient
la plus complète négation. Qui poussa jamais aussi loin que
toi non seulement l'amour du despotisme, mais les sauvages
fureurs de la domination? Qu'as-tu respecté dans l'Évangile
et dans le monde? Te souviens-tu d'avoir lu que « Les re-
nards avaient des tanières et les oiseaux des nids pour leurs

petits, tandis que moi, Fils de l'homme, je n'avais pas même une pierre pour reposer ma tête (Matthieu, VIII. 20.) »?

» Eh bien! comment osais-tu en imposer aux chrétiens en te faisant bâtir des hôtels comme les grands du monde et des palais comme les princes du siècle? Comment ne voyais-tu pas que le silence de tes enfants était un cri vivant du mépris et de la réprobation que tu avais déjà si complètement mérités?

» Comment ne t'es-tu pas souvenue qu'au désert l'offre du tentateur que tu m'as préféré n'était que la sombre vision de ce que tes convoitises devaient te porter sans relâche à vouloir obtenir? Ma réponse au prince des ténèbres ne devait-elle pas te servir de guide et d'appui? Oh! tu as fait l'œuvre de Sathan au lieu de faire la mienne; tu as tout adoré sinon ma miséricorde et mon amour. Tu as tout servi hors le dévouement et l'abnégation qui viennent de moi; tu as tout aimé sauf ce qui fut le but de mon incarnation. Tu faisais naître des schismes et des hérésies pour avoir la gloire de flétrir les uns et de dépouiller les autres. Devant les hommes tu feignais de lever tes mains vers le ciel, comme pour me prendre à témoin de ton zèle et de ton attachement aux principes sacrés de ma doctrine; mais je te voyais, du sein de mon Père, fixant la terre et ne rêvant qu'à en prendre l'entière possession.

» Tu ne pouvais ignorer que, de tout temps, il entra dans les desseins de mon Père que les économes de la dispensation spirituelle fussent séparés de toute possession terrestre. Tu savais qu'il est écrit dans le Deutéronome au sujet de la tribu de Lévi :

« Tu n'auras point d'héritage au pays des enfants d'Israël, » tu n'auras point de portion parmi eux; je suis ta portion » et ton héritage (XVIII. 1, 2.) ».

» Qui t'a rendue si furibonde et si terrible envers ces na-
tures droites qui désertèrent ton alliance, en protestant contre ton pacte coupable avec le monstre impérial que l'on
nommait Constantin? Qui t'a fourni tant de haine contre ces
pauvres Vaudois? Dans tes astucieuses accusations, tu n'as
pu fournir une autre raison que celle qui les honore, puis-
que ton accusation était basée sur ce qu'ils te rejetaient à la
face le nom du crime que tu leur imputais. « Leur impiété
» et leurs hérésies, disais-tu, consistaient en ce qu'ils soute-
» naient qu'en dotant de grandes richesses l'évêque de Rome
» et l'ambition de l'Église Romaine, l'Empereur d'Orient
» avait fait pénétrer la corruption au sein même de la société
» chrétienne ». Ces âmes, si justement effrayées de ton pacte
impie et sacrilége, te stigmatisaient par la piété si pure et si
chaste de leur conduite. L'Évangile était la douce loi qui les
régissait. La charité était le lien de leur unité toute frater-
nelle; ils se rassemblaient pour prier et pour aimer. Ce
n'est point Sathan qui les perdit, c'est toi qui te procla-
mais leur mère. Où était donc ta foi? Comment ne pas te
couvrir le visage quand, le flambeau de l'histoire humaine
à la main, le moindre de ceux qui te nomment leur mère
peut te dire :

« Où étais-tu, sainte gardienne de nos vérités, épouse
» dévorée d'amour pour la gloire divine de ton Époux, où
» étais-tu, quand, au grand et terrible concile de Nicée, il
» ne s'en fallut que de trois voix qu'Arius n'effaçât de notre
» Credo le dogme principiant de l'éternelle consubstantialité
» de Jésus-Christ? Malgré cette majorité accusatrice, n'as-
» tu pas encore devant toi trois autres conciles qui absol-
» vaient ton condamné »?

» Au lieu d'aller droit au but, de scruter les Écritures
qui sont mon témoignage, d'écouter les prophètes qui sont
mes témoins, tu t'enfermas dans le triple manteau du crime.

Arius mourut empoisonné, au moment où ton complice Constantin ordonnait au patriarche d'Alexandrie de le remettre en possession de ses fonctions sacerdotales. L'acheteur voulait publiquement donner une leçon à sa vendue ; mais la vendue plus lâche que son acheteur, s'enveloppa de ténèbres, et frappa silencieusement la prétentieuse protection de son acheteur. L'assassinat d'Arius en fit un martyr ; et de ses cendres s'éleva un esprit de protestation et de vengeance qui s'incarna dans les Goths, les Burgundes, les Vandales et les Lombards. De l'Arianisme on vit naître aussitôt le Socinianisme. Ton signal de mort se refléta sur toute l'Europe, et cette terre hélas ! fut marquée dès-lors comme un champ de carnage.

» Je t'avais prévenue pourtant qu'il était impossible de servir deux maîtres, d'allier le service de l'abnégation avec celui de Mammon (Matth, VI. 24.) ; tu savais que la perfection du disciple est d'être tel que son maître (Luc, VI. 40. Matthieu, X. 25.). Comment ne t'effrayais-tu pas de cet avenglement des peuples qui laissaient ainsi passer sous l'enseigne de ma Crèche et de ma Croix ton cortége public de cupidités, de mensonges, de crimes et d'impostures ? Comment ne te venait-il point à la pensée que les hommes les plus endormis se réveillent quelquefois, et que les peuples deviennent souvent d'autant plus sévères envers leurs endormeurs, qu'ils comprennent tout d'un coup le funeste intérêt que le crime avait à faire durer leur sommeil ?

» Ne t'avais-je point dit par mes Évangélistes :

« Je préfère la miséricorde au sacrifice (Matt. IX. I3.).

« Ce n'est point assez de pardonner seulement sept fois, » vous devez à votre frère un pardon généreux jusqu'à sep- » tante fois sept fois (Matthieu, XVIII. 21, 22.) ».

» Et tu ne craignais pas de t'unir à l'esprit de l'abîme, pour qu'il t'aidât à inventer un arsenal de supplices et de tortures auquel s'associèrent les nations, en ne se levant point en masse contre ce but infâme et contre son nom sacrilége. Les chrétiens hélas! n'étaient plus à moi; ils étaient les enfants universels de la Rome suppliciante, de cette louve affamée qui ne respectait rien, qui n'arrêtait ses fureurs ni devant les vieillards à barbe blanche, ni devant les têtes octogénaires, ni devant l'ardente jeunesse, ni devant les femmes, pas même devant ces enfants dont les anges de Dieu aiment à refléter la face dans le ciel.

» N'avais-tu pas sous les yeux, et tous les chrétiens n'avaient-ils pas comme toi cet exemple tiré du Testament Évangélique? Jacques et Jean dirent un jour à Jésus :

« Maître, veux-tu que nous commandions au feu du ciel » de descendre sur cette ville et de la dévorer, pour punir » ses habitants qui ont refusé de te recevoir?

» Mais Jésus se retournant vers eux les réprimanda, et » leur dit : Vous ne savez à quel esprit vous appartenez. » (Luc, IX. 54, 55.) »

» Et toi, Rome, qui te disais dépositaire de ma miséricorde et de ma bénédiction, toi qui répétais à tous les hommes et à tous les âges : = « Venez à moi, vous tous qui êtes » fatigués ou chargés, je vous soulagerai.

» Apprenez de moi que je suis doux et humble de cœur.

» En moi vous trouverez le repos de vos âmes; car mon » joug est doux et mon fardeau est léger. (Matthieu, XI. » 28, 29, 30.) »

» Était-ce pour montrer la douceur de mon joug que tu t'élançais, l'épée nue à la main, la poitrine altérée de carnage, contre Cabrières et Mérindole, contre Béziers, Lavaur et Carcassonne? Crois-tu qu'ils se sont éteints ces cris poussés par ces femmes que l'on éventra, par ces enfants que l'on immola sur le sein même de leurs mères, par ces vieillards que l'on mutila ou que l'on brûla dans leurs maisons?

Crois-tu que le Ciel n'a pas écrit au livre des plus hautes répressions ces excitations diaboliques poussées par tes séides : « Tuez, tuez, n'épargnez ni orthodoxes ni hérétiques; » Dieu saura bien reconnaître les siens »!

IV

Quand la Bohême se leva au nom de la foi, quand tous les chrétiens de cette contrée t'adjurèrent de leur rendre la coupe de l'institution eucharistique, quand ces voix filiales, pour te rappeler à toi-même et à tes devoirs, te criaient : « Mais n'est-il pas de foi que le Seigneur Jésus a dit en » donnant la coupe eucharistique et sacrée à la vie des chré- » tiens : Cette Coupe est l'alliance en mon sang, buvez-en » tous »!!! Que fis-tu pour répondre à cette foi sublime, à cette sainte réclamation? Tu te ruas sur cette famille que tu aurais dû admirer et bénir; tu fus pour elle comme une panthère et une tigresse qui tuent pour tuer, qui dévorent pour se réjouir.

Chrétiens, dit Jésus-Christ, vous avez pactisé avec cette reine du monde et vous avez préféré sa maternité hypocrite à la divine maternité que vous proposaient les Saintes Écritures. Vous avez applaudi à la destruction de ma croix, vous avez pactisé avec la profanation publique qu'en ont faite ceux qui vous l'ont vendue. Vous vous êtes tous liés dans une même solidarité. Vous n'aviez plus de phare pour vous éclairer au milieu du terrible océan de vos passions et de vos désordres. Vous vous êtes faits les complices de cette marâtre qui ne respirait plus que pour flétrir, frapper et perdre.

» Elle vous disait comme autrefois me le disaient Jacques et Jean : « N'est-ce pas qu'il est juste que j'invoque le feu » de la vengeance et de la destruction sur vos frères égarés » que je nomme schismatiques, hérétiques ou excommu- » niés », et vous joigniez les mains, et vous alliez sonner les cloches, et vous accourriez dans vos temples chantant le Ve- ni Creator, pour que le oui du Dieu d'amour se mêlât à vo- tre oui impie, sacrilége et fratricide.

» Fêtez, Chrétiens! fêtez, membres sacrés de Celui qui n'a cessé de vous dire : « Je suis doux et humble de cœur! fêtez! les bûchers sont allumés dans la Ville Éternelle; ils foncti- onnent en Angleterre, en Espagne, en Irlande, en Écosse, dans la Bohême, dans la Flandre, dans la Hongrie, dans la Westphalie! Fêtez, Chrétiens, effacez dans les archives apostoliques les noms de ces douze pêcheurs qui prêchaient la miséricorde, le pardon et la rédemption!

» Vous vous êtes rangés sous la bannière d'un apostolat digne de ce fils d'iniquité dont parle l'apôtre Paul dans sa deuxième épître aux Thessaloniens; vous avez préféré à la mansuétude évangélique les colères, les fureurs, les empor- tements et la rage de ces tueurs des Ariens, des Vaudois, des Albigeois, des Templiers, des Hussistes, des Moraves et des Protestants. Vous avez répudié la fraternité de Pier- re, de Paul, de Jacques, de Jude, d'André et de Jean. Vos véritables frères se nomment Dominique, Pierre de Castel- neau, Torquemada, le roi d'Espagne Philippe II, le roi de France Charles IX, et pour sœur vous avez ce monstre infernal nommé Marie Tudor.

» Comment avez-vous répondu au saint esprit de ces pa- roles : « Malheur à vous, docteurs de la loi, qui avez cap- » turé les clés de la science et qui n'ayant pas voulu vous « en servir vous êtes élevés contre ceux qui s'en servaient »? Combien de fois vous êtes-vous élevés contre cette vérité

fondamentale : « Jésus est la lumière des hommes ; — L'es-
» prit souffle où il veut (St Jean, i. 4. iii. 8.) ». Comment
devant ces préceptes et ces conseils s'est-il formé dans ton
sein des Léon l'Isaurien, des Cisneros, des Ximenès, brû-
leurs de bibliothèques de livres, de manuscrits et de savants?

» Mère et Fils, continua Celui qui illumine tout homme
venant en ce monde, ne voyez-vous pas se dresser devant
ma parole et contre vous les fantômes de Vilgarde et de ses
disciples, de Palingénius, de Cecco d'Ascoli, de Bonfadio,
de Giannone? Vous saviez qu'il est écrit au livre du fils de
Sirach que « le Sage s'appliquera à conserver dans son cœur
les instructions de ceux qui se sont rendus célèbres, et qu'il
cherchera à pénétrer les mystères des Paraboles (Ecclésiastique xxxix. 2.) »; et malgré cela vous avez été les tour-
menteurs inexorables des Declaves, des Villon, des Bilant,
des Bacon, des Savonarole, des Arnaud de Brescia, des
Sylvestre de Florence; vous n'épargnâtes même point A-
beilard. — Levez-vous, belles et saintes victimes du bûcher,
martyrs de la science ! Vanini à la langue coupée, Giordan
Bruno, Campanella jeté sept fois dans cette infâme torture
dont la dernière dura quarante heures ! venez raconter votre
exil, grand et intrépide Descartes ; venez, sublime et infa-
tigable Cristophe Colomb, courageux Marco Paolo !

» Jérusalem respecta le conseil de justice et de piété écrit
dans l'Ecclésiastique : « Honorez le médecin, à cause de la
» nécessité du ministère dans lequel Dieu l'a formé;

» Car l'art médical vient de Dieu (Eccli. xxx. 1, 2.) ».

» Qu'avez-vous fait du médecin Apono? Était-ce pour
l'honorer, qu'à l'âge de 80 ans, vous l'avez jeté dans la pro-
fondeur de vos cachots, pour venir ensuite à la face du ciel
et de vos semblables danser et psalmodier autour de ce foyer
impie dans lequel vous brûliez son cadavre? Qu'avez-vous
fait de Pointet ce célèbre médecin? Non contents de l'avoir

condamné au feu vous avez augmenté son supplice en lui faisant couper la langue! Est-ce qu'il était mon disciple, est-ce qu'il me connaissait ce Boniface VIII qui défendait l'anatomie? N'est-ce pas à l'instigation de cette coupable défense que les Carpi, les Van Helmont et les Vesale tombent sous la haine infernale de l'inquisition?

» Vos conciles de Tours et de Paris défendent, à titre de crime, la lecture des livres de physique, et, sous la folle prétention de servir la sagesse de Dieu, vous traitiez d'impies et de dangereux l'algébriste Fibonari et le mathématicien Bagozzi! Connaissait-il le Bon Pasteur ce Zacharie qui condamnait l'évêque Virgile pour avoir dit publiquement que la terre est ronde? Étaient-ce de bons pasteurs ou des mercenaires ces hommes qui mettaient tous leurs soins à chasser le savoir comme on chasse les bêtes fauves? Que leur diront devant la justice de mon Père les Antoine de Dominis, les Galilée, les Képler, les Copernic, les Jacques Pauvant, les Louis Berquin, les Étienne Dolet, les Geoffroy Vallée, les Gilles du Carroi, les Claude Morlet? Jérémie n'avait-il pas eu raison d'écrire dans ses Lamentations :

« Les bêtes farouches découvrent leurs mammelles aux
» petits qui les leur demandent; mais celle que j'ai choisie
» pour être à la tête de mon peuple est cruelle comme les
» autruches du désert (Lamentations, IV. 3.) »?

V

» Cachez, cachez, Églises Chrétiennes, cachez les archives dans lesquelles vous avez enregistré les noms de vos martyrs. Rome votre mère, soutenue par vous, a dépassé

les haines et les fureurs des Néron, des Domitien et des
Commode. On a pu compter leurs victimes; mais votre carnage de trois siècles a classé le nombre de vos cruautés et
de vos assassinats au rang des crimes incalculables. Vous ne
pouvez nier avoir connu ce passage si complètement explica-
tif des raisons fondamentales de ma prédication ainsi que de
celle de mes Apôtres. C'était aux enseignants que je m'a-
dressais alors, et devant eux, c'était également à vous que
je parlais. Reconnaissez-vous ces paroles :

« Je suis venu prêcher l'Évangile aux pauvres, guérir
» ceux qui ont le cœur brisé ;

» Annoncer aux captifs leur délivrance, rendre la vue
» aux aveugles, et briser les entraves de ceux qui sont dans
» les fers (Luc, iv. 18, 19.) ».

» Telle était donc la marche que vous aviez à suivre, et
vous avez appliqué votre cœur à faire tout le contraire.
Vous avez proscrit la science, vous avez anathématisé les
arts, vous avez mis un zèle constant à entretenir l'ignorance, vous n'avez caressé que les riches, et vous vous êtes liés
à tous les despotismes qui vous rapportaient soit l'appui de
leurs glaives et la puissance de leurs canons, soit des villes
et des terres, soit des honneurs et des richesses.

» Vous avez entretenu l'esclavage et vous vous êtes ap-
proprié des esclaves. — Léodegard évêque donne, par son
testament, à son église ses villages et ses chapelles, avec
leurs terres, leurs vignes et leurs esclaves des deux sèxes.
(Mirœus, t. 1. page 33.) — Baudouin surnommé le pieux,
comte de Flandres, fonde l'abbaye de Falempin et lui donne le village de Saswal, plus vingt serfs désignés par leurs
noms (page 53.). — L'évêque de Cambrai fonde l'abbaye
des Dames Nobles, et la dote de serfs et de serves (t. 3. page 39.). — Baudouin, comte de Commines, donne, à titre

d'aumône, à l'église St Pierre de Lille une esclave et ses cinq filles, capitation annuelle de deux deniers et douze à la mort (t. 1. page 570.). — Nous, Guillaume, indigne évêque « de Paris, consentons à ce que Odeline, femme de corps de » notre église, épouse Bertrand, homme de l'abbaye de St » Germain-des-près, à condition que les enfants, qui naî- » tront du dit mariage, seront partagés entre nous et la dite » abbaye (Sainte-Foix, Essais sur Paris) ».

» Est-ce un de mes pasteurs cet évêque du Mans qui a osé écrire, dans sa Théologie morale, cette sanction abomina- ble? « La traite des noirs ne blesse pas la religion, car si les » nègres sont soumis aux chrétiens, ils seront plus facile- » ment convertis que s'ils étaient libres dans leur religion » (Bouvier, évêque du Mans.) ».

» Et c'est ainsi que s'est élevé le crime dans mon sanctu- aire! Rien n'a été épargné par toi! tu as dépassé de dix cou- dées les transgressions de Jérusalem!

» O toi qui mettais une si hypocrite fureur à poursuivre les malheureux restes d'Israël, comment ne voyais-tu point flamboyer, devant ta haine et tes forfaits, ces paroles de Ba- ruch : = « Prends courage, Jérusalem!

» Les méchants qui t'ont tourmentée périront; ceux qui » se sont réjouis de ta ruine seront punis.

» Malheur aux villes où tes enfants ont été traités en es- » claves!

» Malheur à celle qui s'est réjouie de ta ruine! la joie » qu'elle a mise devant ta chute la percera de douleur dans » les maux qui l'accableront à son tour.

» Les cris de ses grandes fêtes seront étouffés, les larmes » succèderont à l'allégresse (iv. 30, 31, 32, 33, 34.) ».

» Écoute, écoute Jérémie dont le verbe écrit n'a pas cessé de te crier : = « Tu as dispersé les brebis de mon troupeau, » tu les as poursuivies quand tu devais les visiter. Je te

» visiterai moi, dit le Seigneur, je te visiterai dans mon in-
» dignation. Je punirai les dérèglements de ton cœur, je
» flétrirai tes œuvres (XXIII. 2.) ».

» Tu ne m'as point écouté ; le frère n'a pas tenté de rendre la liberté à son frère, l'ami n'a pas secouru son ami.
C'est pourquoi je te déclare que tu n'es plus à moi. N'ai-je
point confirmé ces paroles, lorsque j'ai dit pour l'héritière de
Jérusalem : = « En vérité, en vérité autant de fois que
» vous avez manqué d'aider et de secourir les plus petits
» d'entre mes frères, c'est à moi-même que vous avez man-
» qué (Matthieu XXV. 45.) ».

» Rome, et vous tous qui vous êtes faits ses fils complai-
sants et soumis, il est un passage du Livre Sacré qu'il faut
que je vous cite ; le voici :

« Les mères présentaient à Jésus leurs petits enfants afin
» qu'il les touchât. Ce que voyant ses disciples, ils les re-
» poussèrent avec des paroles dures.

» Alors Jésus s'en indigna et leur dit : — Laissez venir à
» moi les petits enfants, et ne les arrêtez point. —

» Les embrassant alors il les bénit et leur imposa les
» mains (Luc, XVIII. 15, 16. Marc, X. 16.) ».

» Est-ce là l'exemple que vous avez suivi ? Combien de
Rachel ont fait monter vers moi les cris de leur désolation,
lorsque, dans vos guerres impies, vous immoliez leurs enfants sur leur sein, vous repaissant de leur agonie maternelle pour les tuer après. Mères, j'aimais à caresser vos enfants ; et je me serais livré dix fois pour vous les rendre
plutôt que de vous les voler !

» Rome, et vous tous Chrétiens, vous avez anathématisé
les Césars qui faisaient graver sur la ceinture de leurs plus
belles esclaves, comme sur des colliers de chiens, cette in-
humaine insolence : « J'appartiens à César » ; et pour imiter

en tout les empereurs payens, vous avez osé établir, sous
forme de loi, que l'Église chrétienne avait reçu de moi la
puissance et l'autorité de forcer les parents à baptiser leurs
enfants, et de les y contraindre par des peines que vous
disiez légitimes [Justissimis pœnis compelli. Theol. mo. 2.
de Liguori].

» Vous ne vous arrêtiez point là; vous avez ajouté : « Elle
» a de plus le droit de baptiser les enfants malgré leurs pa-
» rents et à leur insu, et de les leur enlever. [separare, dit
» Dens; avellere, dit Van Bossuyt; auferre, dit Bouvier] ».

» Les enfants comme les parents appartiennent à l'Église;
» l'Église peut donc baptiser les enfants, les enlever à leurs
» parents et les confier à d'autres personnes qui les élèveront
» chrétiennement. Les enfants, même mineurs, une fois bap-
» tisés malgré leurs parents deviennent membres de l'Église
» qui peut et doit, s'il est possible, les séparer [segregare]
» de leurs parents infidèles, à cause du danger de perversion
» qu'ils courent (J. B. Bouvier, Inst. Theol. Paris 1835.) ».

VI

Vous semblez avoir mis votre constante application à faire
tout ce qui était opposé et le plus injurieux au saint Évangile dont vous ne cessez de vous prévaloir devant le monde.
Quel fruit avez-vous tiré de ce sage et prévoyant conseil :
» Gardez-vous d'imiter les docteurs de la loi, qui aiment à
» se promener avec des robes bordées de longues franges et
» à se faire saluer dans les places publiques (Matthieu
» xxiii. 5, 7.) », prêtres de la rédemption qui vous êtes
faits hommes de palais; qui avez de la vaisselle d'or et d'argent, des meubles d'art, des tentures de velours, de soie

et de brocart; qui portez dans vos promenades non officielles des colliers d'or et des bagues de grand prix comme en portent les princes dans leurs assemblées politiques; qui ne craignez pas d'insulter à ma doctrine, lorsque traversant les rues peuplées de pauvres vous les éclaboussez du galop de vos chevaux, sans rougir d'effacer mon nom par l'éclat somptueux de vos carosses?

« Vous osez parler à vos créatures de l'héritage de Pierre! montrez-leur donc ses voitures et ses équipages! exposez à la vénération de vos adorateurs le chapeau galonné de Paul, et la ceinture à glands d'or que portait Jean dans son triomphe de la porte Latine! Pierre, Paul et Jean étaient les apôtres de la rédemption; leur faste, leur orgueil, leur richesse, leur gloire était la doctrine de Jésus crucifié; vous, vous êtes les apôtres de la bonne chère, du luxe et de la possession; vous êtes d'actifs contrefacteurs de la doctrine évangélique. Hypocrites invocateurs de l'héritage de Pierre, voici un des plus riches diamants de sa couronne que votre ambition n'a pas eu le courage de faire valoir au-dessus de tout ce que la vanité tente d'atteindre ici-bas : - Pierre répondant à Simon le magicien qui lui offrait de grandes sommes pour une initiation personnelle à la puissante vertu de faire des miracles, lui dit : « Que vos richesses périssent » avec vous qui avez cru que le don de Dieu s'achetait avec » de l'argent (Act. VIII. 23.) »! Pour continuer et agrandir votre domination terrestre, combien de fois n'avez-vous pas mis à l'encan le don de Dieu? La maison de prière et de purification n'est-elle pas devenue depuis longtemps semblable à cette maison dont un jour je chassai publiquement les acheteurs et les vendeurs? Quelle différence est-il possible de faire entre vous et Judas sinon que Judas vendit une fois le sang innocent, tandis que vous vous n'avez cessé de le vendre depuis des siècles? Vous n'avez point été rachetés avec de l'or ni avec de l'argent, et néanmoins à la face du ciel et de la terre vous avez élevé un tarif par lequel le sang de la rédemption était mis à la disposition de celui qui voulait le payer non seulement pour effacer ses crimes, mais pour acquérir le droit d'en commettre impunément.

» L'histoire de vos chartes n'est point une œuvre secrète. Léon X n'a-t-il pas livré à la publicité cette monstruosité connue sous la dénomination de Taxæ Cancellariæ apostolicæ et taxæ pœnitentiariæ apostolicæ Romæ, 1514? N'y lit-on pas? « Rémission à un riche pour les biens qu'il a enlevés : » 5 gros — pour l'absolution des excès et des délits d'un » laïque : 12 gros, — pour l'absolution de celui qui tue son » père, sa mère, son frère, sa sœur, sa femme ou tout autre » de ses parents laïques : 5 ou 6 gros, — pour l'absolution » d'une personne morte en état d'excommunication : un ducat et 9 carlins, — pour l'absolution d'un parjure : 6 gros ».

» Ænéas Sylvius disait avec justice : « La cour de Rome » ne donne rien qu'à denier comptant; elle vend jusqu'à » l'imposition des mains et le don du Saint-Esprit. L'abso- » lution des péchés mêmes ne s'obtient qu'avec de l'argent » (Ænéas Sylvius Épit. 66 ad Joan. peragell.) ».

» Malheureux Chrétiens, Paul était tout à la fois Apôtre et Prophète lorsqu'il disait à cette Église Romaine que vous appelez votre Mère : « Vous êtes cause que le nom de Dieu » est blasphêmé parmi les nations (aux Rom. ii. 24.) »! Aussi de toutes parts les plaintes et les accusations se sont élevées contre ma doctrine et contre moi.

Rome! ta face est rouge encore du soufflet que Philippe-le-Bel appliqua à ce qu'il nommait ta très-haute fatuité! — Vingt Universités se sont unies pour condamner tes impositions impies et sacriléges. — Dix assemblées de prêtres ont protesté contre les ouvriers d'iniquité que tu voulais opposer à leur amour de pasteurs et de chrétiens. — Trente-quatre réunions solennelles d'évêques, d'archevêques et de cardinaux ont avoué publiquement que tu outrageais le nom de Jésus en te donnant corps et âme aux Layman, aux Mariana, aux Cotton, aux Sanchez, aux Suarez, aux Molina, aux Richeaume, aux Keller, aux Vilelleschi, à tous ces prédicateurs de la licence et du régicide! — Neuf assemblées générales ont dit anathème contre la morale infernale que tu approuvais et voulais faire propager parmi les chrétiens. — Charles Borromée ne fut plus maître de son indignation en face de ces détracteurs de l'Évangile et de la foi chrétienne.

» Pierre-le-Grand de Russie, Victor-Amédée, Charles-Emmanuel, empereurs, rois, princes, gouvernements, tout ce qui est attaché à l'honneur de la justice et à la protection des lois, lancèrent leurs décrets de bannissement et de malédiction sur ces séides qui, me bravant jusqu'au plus haut des sacriléges, en vinrent à te frapper toi-même dans la personne de Clément XIV.

» Comment oses-tu faire entendre aujourd'hui ces cris de désolation et de détresse? Est-ce que quelque nouveau Bernard se serait levé dans ton sein pour te crier comme autrefois : « Te crois-tu donc tout permis? de mutiler les églises, » de troubler l'ordre? Ce serait faire un monstre que d'ar- » racher un doigt de la main pour l'attacher à la tête : c'est » là ton crime, si tu déranges l'ordre dans lequel le Sei- » gneur a lui-même disposé les membres de son corps; à » moins que tu ne croies que ce n'est pas lui mais un autre » qui a placé dans son Église les uns Apôtres, les autres » Prophètes, les autres Évangélistes, les autres Pasteurs, » pour le perfectionnement des saints, pour l'œuvre du mi- » nistère, pour l'édification du corps de Jésus-Christ (Au » pape Eugène.) ».

» Rome, et vous Chrétiens, qui êtes livrés à la plus acti-
ve agitation, est-ce quelque nouvel Eusèbe qui aurait trou-
blé votre quiétude en vous criant :

« Nous sommes plongés dans l'indifférence et la paresse!
» Les prélats excitent à la guerre ; les fidèles exagérant leur
» foi voudraient en venir aux mains. L'hypocrisie et le men-
» songe sont au comble. Les uns, en véritables athées, s'ima-
» ginant que nos crimes resteront impunis, amoncellent l'ini-
» quité sur leur tête. Ceux-là mêmes qui passent pour être
» nos pasteurs abandonnent la loi de la piété, n'exercent
» leur vie qu'à l'entretien des querelles, des menaces et des
» haines perpétuelles! Ils n'ont d'autre objet que de se faire
» souverains. Alors l'indignation du Seigneur ne peut tarder
» à couvrir de deuil la fille de Sion, et à jeter par terre la
» gloire d'Israël. Il enlèvera tout le faste de Jérusalem, et
» il abattra l'orgueil de ses remparts (Hist. Ec. l. 8. ch. 1) ».

» Est-ce le fantôme de de Maistre qui s'est élevé tout-à-
coup au milieu de la France, les regards tendus vers moi
et la main droite montrant la Rome de votre complicité? Sa
voix vous aurait-elle forcés, d'outre-tombe, à entendre une
fois de plus ce qu'il vous a dit dans ses œuvres de littéra-
ture? « Église Chrétienne, vous semble-t-il qu'un tel état de
» choses puisse durer, et que cette vaste apostasie ne soit pas
» à la fois et la cause et le présage d'un mémorable jugement?
» Voyez si les Illuminés ont tort d'envisager comme plus ou
» moins prochaine une troisième explosion de la toute-puis-
» sante bonté de Dieu envers les hommes! Je ne finirais pas
» si je voulais rassembler toutes les preuves qui se réunissent
» pour justifier cette grande attente. Il faut nous tenir prêts
» pour un événement immense dans l'ordre divin. Il n'y a
» plus de religion sur la terre. Des oracles redoutables an-
» noncent d'ailleurs que les temps sont arrivés. L'univers est
» dans l'attente (Soirées de S. P. v. II. p. 282, 288, 283,) ».

» Rome, un cri solennel, semblable à celui des anciens
prophètes, s'échappa un jour des profondeurs d'une âme qui
se débattait dans le mystérieux travail de la mort. Tu n'en
saurais plus proférer de semblable.

« Le Christ seul sauvera la France! Voilà mon Dieu!
» voilà mon Roi (Chateaubriand.) »!

VII

» O Rome! O Chrétiens! vous n'avez plus cette foi, vous
qui, vous disant appuyés sur la force éternelle, sur la base
infaillible, vous écriez, avec l'accent d'un désespoir impie :

« Qui sauvera l'Église si elle n'a plus d'armées? Comment
» les États Pontificaux feront-ils valoir la justice chrétienne
» si vous leur arrachez la puissance des armes »?

» Fils dégénérés, ce n'est plus à votre divin Maître que
s'adressent vos supplications! Ce n'est plus à lui que vous
criez dans une détresse réelle :

« Seigneur, sauvez-nous! nous périssons »!

» Non, c'est aux sbires, aux bayonnettes et aux canons
que s'adressent votre crainte servile et votre lâche frayeur.
Vous avez été blessés au cœur quand un homme du siècle,
expression inconsciente de ma prévenance, vous disait :

« Moins les possessions de l'Église seront territoriales,
» plus l'Église se rapprochera de sa haute et divine origine ».

» Votre réponse furibonde à cette vérité n'était-elle pas le
renversement de cette économie d'humilité dans laquelle
vous a fondés Celui qui a entrepris et accompli la rédemption
du monde, n'ayant pas comme possession terrestre une pierre pour reposer sa tête?

» Vous vous trouvez humiliés de la sainteté de votre naissance, vous êtes honteux d'avoir eu pour berceau une Crèche et pour char de triomphe une Croix. Eh bien! ne soyez
ni hypocrites ni lâches! dites nettement, publiquement, solennellement que vous ne voulez plus appartenir à Celui qui
nomme avec tant de gloire sa Crèche et sa Croix!

» Vous vous angoissez lorsque vous voulez faire retentir
votre colère devant cette noble humilité, cette sage dépen-
dance et cette douce servitude auxquelles on vous rappelle;
mais est-ce à vous, est-ce à d'autres que l'Évangile dit :
« Que celui qui veut être le plus grand parmi vous se fasse
» le serviteur de tous ».

» En vérité, en vérité, les enfants du siècle ne s'y mé-
prennent pas : une Église, qui se pose comme vous vous po-
sez, relève de Bélial ou de César ; mais il lui est interdit de
dire qu'elle relève de Jésus-Christ.

» Vous faites sonner bien haut le TU ES PETRUS ; avant de
tant insister sur le nom de l'apôtre, vous devriez vous montrer comme lui, d'abord, des hommes apostoliques. Est-ce
du TU ES PETRUS que ressortent ces intérêts que vous défendez avec tant d'audace, et parfois avec tant de lamentations,
sous le nom de patrimoine et de propriétés apostoliques?
Revêtez-vous de la simplicité de Pierre, de son abnégation,
de son dévouement jusqu'à la mort; confessez, en face de ma
lumière, que vous m'aimez, comme il le confessa lui-même,
et vous verrez que les portes de l'enfer ne prévalent point
du tout contre moi, mais contre vous qui les avez préférées
à celles du ciel!

» A quel aveuglement vous êtes-vous donc portés, vous
qui osez dire aux intelligences nourries de votre histoire, et
témoins chaque jour de vos contradictions :

« Nous ne savons pas si nous avons besoin d'être ré-
» veillés »!

» Cette orgueilleuse question, ce piquant sarcasme serait tout simplement une confession de la maladie qui vous domine. Mais ce PRENEZ GARDE dont vous le faites précéder est menaçant comme ces lames de poignards aiguisés déjà tant de fois pour frapper ceux qui, effrayés de vos contrastes et de vos excès, se dévouaient par trop confiamment à ce réveil dont vous n'êtes plus aptes à comprendre l'auguste et solennelle opportunité. Ce PRENEZ GARDE ne sent pas l'onction chrétienne; il exhale une forte odeur de poison; ce n'est pas un cri d'homme, c'est une menace de tigre. Ah! vous avez beau faire, personne ne s'y est trompé. Le IN TERRÂ PAX HOMINIBUS que vous avez entendu chanter par des voix innocentes n'appartenait nullement à votre voix. Le pasteur couvait la haine, tandis que les voix pures et les cœurs aimants glorifiaient le souvenir de Celui qui, se dévouant entièrement au salut du monde, avait quitté la richesse et la splendeur des cieux pour naître dans une étable. Vous l'avez dit sans vous en douter : « Ce n'était pas vous, » ce n'était pas vos semblables, c'étaient des voix innocentes » et pleines de vie qui montaient vers le Ciel », couvrant de leurs notes pieuses toutes les pensées d'orgueil et tous les actes de vanité sacerdotale qui, depuis tant de siècles, infectent vos basiliques et vos cathédrales.

» Aviez-vous bien l'intelligence de vos paroles lorsque vous disiez : « Dieu, du haut des cieux, veille sur son Église et, » par des conseils imprévus, par des coups de tonnerres, s'il » le faut, il la tire des plus grands périls et se joue des habi- » les de la terre »? Cette incontestable vérité que vous lanciez imprudemment à la face des autres se retournait naturellement contre vous, tentant encore de vous en rappeler une autre que voici : — lorsque Dieu veut faire connaître à un ministère infidèle la grandeur du jugement qui va fondre sur lui, il n'a pas d'exemple plus terrible à lui présenter que le jour où Ephraïm se sépara de Juda (Isa. vii).

Vous auriez dû, avant de parler avec tant d'assurance, regarder si dans l'histoire dIsraël, vous n'aviez pas quelque parallèle capable de vous convaincre qu'il est des orages, à l'approche desquels les pasteurs doivent silencieusement rentrer en eux-mêmes et s'humilier profondément devant la sagesse du Dieu qu'ils prêchent aux autres. Ce passage vous eût peut-être touchés : — « Écoutez, Chefs de la mai-
» son de Jacob, et vous Conducteurs de la maison d'Israël !

» Vous avez dénaturé, renversé les institutions de Dieu
» et profané son culte. Vous avez fait de la Ville sainte une
» cité de carnage et de sang.

« Vous avez fait de vos saints ministères un honteux tra-
» fic, un commerce sacrilége; et vous dites encore : L'Éter-
» nel n'est-il pas au milieu de nous? qui prévaudra contre
» nous (Michée, ch. iii.) » ?

Vous savez ce qui prévalut contre cet odieux blasphême : Dieu, comme vous le dites, après avoir vu le rejet de ses conseils, laisse agir ses tonnerres. C'est ce qui advint et ce qui est constaté par ces paroles : « Et maintenant tout ce
» pays est tombé sous la puissance de mon serviteur Nabu-
» chodonosor, empereur de Babylone. » Voilà donc enfin après de nombreux conseils un tonnerre répressif. Dix-neuf générations de rois depuis Salomon avaient occupé le trône de David, mais la mesure de leur iniquité étant comblée, le vent de leurs désordres et de leurs prévarications souffla de lui-même aux mouches qui bourdonnaient paisiblement au bout des ruisseaux d'Égypte.

D'où vient votre étonnement aujourd'hui, et pourquoi croyez-vous devoir cette fois être épargnés par le dard subtil et brûlant des abeilles impériales de quelque nouvel Assur? N'est-ce pas à vous que l'on crie depuis si longtemps ; « Elles
» viennent! elles viennent! elles viennent (Jérémie, lii) » !

» Rome, et vous ses Fils, que ne disiez-vous vrai quand, au fort de votre terreur, couverts d'un faux zèle vous vous êtes écriés : « Vous avez réussi à nous ouvrir les yeux » ? Si réellement vous les eussiez ouverts, vous ne douteriez plus que l'abomination est établie là où elle ne devrait pas être, et que par conséquent les tonnerres ne doivent pas tarder à vous faire entendre que « LE FILS DE L'HOMME EST PROCHE! » QU'IL EST À LA PORTE (Marc, XIII. 14, 29.) »!

» Vous vous seriez souvenus qu'il vous était dit dès le commencement :

« Veillez donc de peur que vous ne soyez trouvés endor-
» mis!

» Tenez-vous toujours prêts, car le Fils de l'homme vien-
» dra au moment où vous y penserez le moins (Marc, XIII.
» 35. Luc, XII. 40.) ».

» Si vous eussiez été éveillés, vous auriez pris une attitu-de tout autre et un ton bien différent pour demander à voir le visage qui vous effraye, les yeux qui vous fixent, et enfin l'homme que vous devez redouter, si vous ne rentrez point en grâce avec moi!

VIII

» Écoutez bien ceci : Quiconque vous attaquera au point de vue purement politique se prendra dans son propre piége! Quiconque voudra vous imposer sa loi par des passions ter-restres se brisera contre vous. Ce n'est pas un visage caché que vous devez rencontrer, c'est celui d'un chrétien sincère sur les traits duquel l'ange des consciences vous forcera de lire que l'heure du droit de Dieu est enfin venue. Ce ne sont pas des yeux louches ou fuyants qui doivent vous fixer ; ce sont ceux d'une juste indignation vous forçant d'avouer enfin si vous êtes de Dieu ou de César. Ce n'est pas un homme rusé, un chercheur d'aventures qui doit vous rendre compte de sa conduite en vous montrant qu'il ne vous est plus permis de continuer la vôtre ; c'est l'homme prouvant alors, et faisant valoir dans sa véritable dignité, le pouvoir législatif et souverain que mes apôtres vous ont dit être véritablement celui qui vient de Dieu.

» C'est cet homme-là qui sera mon envoyé, c'est lui qui est appelé à briser le pacte impie par lequel vous avez sacrilégement outragé la garantie de fidélité que j'avais attachée à l'ordre de mes préceptes et de mes promesses. C'est celui-là qui doit arracher des mains de mon ennemi l'héritage sacré qu'il domine, afin de le rendre dans sa pureté primitive aux peuples et aux nations, comme le prélude affirmatif de mon retour.

» L'homme qui peut consommer cet acte de haute et sainte justice attendu du monde entier vous l'avez appelé vous-mêmes ; vous l'avez consacré dans ce ministère comme l'aurait pu faire une assemblée de prophètes ; vous l'avez fait entrer dans le temple ; vous lui avez élevé un trône devant la croix et devant l'autel ; vous l'avez nommé l'Élu de Dieu, le Bras du Tout-Puissant, le Prince invincible, Celui qui vient au nom du Seigneur, le Suscité de la Toute-Puissance divine, l'Ange exterminateur du mal, le Défenseur de l'Église, le Protecteur de la cité sainte, le Sauveur de la religion, de la famille et de la société. C'était lui assigner publiquement et religieusement ces paroles de la Sagesse et de l'Ecclésiastique :

« Aimez la lumière, vous qui êtes à la tête d'un grand » peuple, vous qui avez été choisi pour le diadème et pour » le jugement (Sagesse, VI. 23. IX. 7.) ».

« Ne retenez point la menace lorsqu'elle peut être salutai-
» re ; prenez la défense de la justice ; COMBATTEZ POUR ELLE
» JUSQU'À LA MORT, ET DIEU COMBATTRA LUI-MÊME POUR VOUS.

» Nous savons que le pouvoir souverain est dans la main
» du Seigneur et que c'est lui qui devait susciter en son temps
» le prince qui nous était nécessaire (Eccli. IV. 28. X. 40.) ».

Mon vénérable Ami, le divin Maître s'arrêta un instant.
Il contempla d'un regard trempé de larmes celle et ceux
qui lui devaient tant d'amour ; puis, d'une voix qui exprimait une tristesse égale à ce que doit être l'acte suprême de
sa justice, il dit :

« JE VOUS LAISSE ENCORE QUELQUES JOURS, AFIN QUE VOUS
VOUS RENDIEZ DIGNES DE RETIRER TOUT LE FRUIT POSSIBLE DE
CET EXEMPLE : — Les Ninivites ayant reconnu, dans la parole du prophète Jonas, la parole de Dieu s'unirent dans un
même esprit de pénitence ; ils s'imposèrent un jeûne public ;
ils se couvrirent de cendre depuis le plus grand jusqu'au
plus petit. Le roi quitta son trône ; il se dépouilla de tous
ses joyaux, ainsi que de toutes les marques distinctives de
la royauté. Il se couvrit d'un sac, et il fit crier partout : Que
chacun se convertisse, qu'il quitte la mauvaise voie, qu'il se
purifie de toute iniquité à laquelle il avait prêté l'accord de
sa conscience et de ses mains. Il ajouta, avec une humilité
pleine de confiance : Qui sait si Dieu ne se retournera pas
vers nous, et s'il ne changera pas l'arrêt qui fixe notre ruine?

» Dieu fut touché de ce noble et sincère repentir ; il eut
compassion d'eux, et ils ne furent point frappés comme ils
méritaient l'être (Jonas, III). »

IX

Ah! mon digne Ami, si Napoléon III comprend bien l'auguste mission dans laquelle il s'est trouvé placé, afin qu'une fois de plus cette parole fût universellement justifiée : - LES HOMMES S'AGITENT, MAIS DIEU LES MÈNE ; - si laissant de côté tout biais et toute fraude ; si s'arrachant réellement et sincèrement à tous les intérêts de domination terrestre, aux cris, aux larmes et aux menaces de l'ignorance et des mauvaises passions, il ose, sous la sainte impulsion de ce cri religieux et chrétien : - DIEU LE VEUT ; - arracher Rome des entraves qui peuvent bien la deshonorer elle, mais qui ne doivent point prévaloir contre l'honneur de Jésus-Christ ni contre la divine institution de sa doctrine adorable ; si la pierre, si étrangement tombée de Solférino sur les pieds de fer et d'argile du Vatican, lui a montré la voie qu'il fallait suivre, qu'il marche en avant, non pour ajouter un état de plus à ses états, non pour emprisonner l'homme aux trois diadèmes, ou pour jeter dans l'exil ces superbes aveugles, qui se font appeler par leurs semblables les princes de la maison de Dieu et les héritiers du domaine de Pierre ; mais pour consacrer toute la force qui lui est échue à rétablir, dans la juste et auguste sainteté d'origine, cette religion et ce culte qui ont été véritablement l'unique et glorieux patrimoine des douze Apôtres à qui Jésus ne dit point : demeurez ici ou trônez là ; mais : « Allez! enseignez » les nations, apprenez-leur à garder ce que je vous ai con- » fié. Baptisez-les au nom du Père et du Fils et du Saint- » Esprit ».

10.

Ah! mon Ami, les hommes oublieront facilement le passé devant la majesté, la solennité et la grandeur d'un tel présent. L'homme qui sera devenu ainsi pour tous le défenseur du droit des peuples et du droit de Dieu verra l'univers abîmé dans le plus vaste océan de reconnaissance et de bénédiction qu'ait jamais connu la terre! Quelle fête parmi les enfants des hommes que celle où tous les regards pourraient voir l'Église officielle de la Rédemption débarrassée de tout ce qui alimentant sa vanité ne cessait d'entretenir également ses lugubres adultères! Quelle joie de la voir ainsi noblement et silencieusement appuyée sur le bras de Celui dont le courage et le dévouement filial l'auraient aidée à briser ses entraves séculaires, qu'elle n'avait plus la force ni le courage de briser elle-même! Ah! mon vénérable Ami, comme elles seraient bénies ces larmes attestant à tous les âges et à toute l'humanité le plus entier des repentirs! Oh! qu'elle serait touchante cette douleur qui fut le salut de Ninive, et qui serait alors le gage le plus assuré de notre universelle rentrée en grâce avec Dieu!

Parée des premiers fruits de cette réconciliation suprême la mère purifiée et celui qu'elle pourrait nommer hautement alors son FILS AÎNÉ, son LIBÉRATEUR, auraient le droit de faire entendre, dans toute leur vie et leur complète vérité, ces paroles d'élection divine : « Gloria in excelsis Deo, et in » terrâ pax hominibus! » prélude de celles-ci que doivent prochainement faire entendre toutes les nations chrétiennes : « Venez, Seigneur Jésus, venez! »

Vos larmes de chrétien et votre sourire d'ami m'assurent par avance, vénérable Vieillard, que votre pieuse et belle âme a compris la mienne, que c'est bien là le but constant de vos actifs désirs; mais qu'il y a des montagnes d'obstacles à vaincre avant que puisse s'accomplir une si immense et si solennelle régénération.

Courage, courage, mon cher et précieux Ami, aujourd'hui ou demain l'Œuvre Miséricordieuse de Celui qui s'est constitué le Sauveur du monde l'emportera sur l'œuvre égoïste des ennemis de l'humanité.

En terminant, permettez-moi de remettre sous les regards de votre foi cette affirmation évangélique : Si les enfants de lumière agissent avec moins de sagesse, dans la conduite des œuvres de Dieu qui leur sont confiées, que ne le font les enfants du siècle, dans la conduite de leurs propres œuvres, la Justice divine se charge elle-même de réaliser sa parole, et c'est alors que l'on voit ceux qui étaient les premiers devenir les derniers, et ceux qui étaient les derniers prendre la place des premiers.

Tout à vous, très-cher et très-excellent Ami. En vous renouvelant l'expression sincère de ma vive affection, je prie le Dieu d'infinie bonté qu'il m'aide toujours à me rendre digne de la vôtre que je regarde comme une marque distinctive de sa bénédiction.

E. V. PIERRE-MICHEL.

20 février, 1860.

UNIVERSITE ELIAQUE, 31, Marylebone road,
Londres.

9 782329 697963